四部要籍選刊

蔣鵬翔 主編

阮刻禮記注疏

五

（清）阮元 校刻

浙江大學出版社

本册目録（五）

附釋音禮記注疏卷第十四

禮記　鄭氏注　孔穎達疏

月令第六○陸曰此是呂氏春秋十二紀之首後人刪合爲此記蔡伯喈王肅云周公所作

疏正義曰按鄭目錄云名曰月令者以其記十二月政之所行也本呂氏春秋十二月紀之首章也以禮家好事抄合之後人因題之名曰禮記言周公所作其中官名時事多不合周法此於別錄屬明堂陰陽記此卷所出解者不同今且申鄭旨釋之按呂不韋集諸儒士著爲十二月紀合十餘萬言名爲呂氏春秋篇首皆有月令與此文同是一證也又周無大尉唯秦官有大尉而此月令云乃命大尉此是官名不合周法二證也又秦以十月建亥爲歲首而月令云爲來歲授朔日即是九月爲歲終十月爲授朔此是時不合周法三證也又周有六冕郊天迎氣則用大裘乘玉輅建大常日月之章而月令服飾車旗並依時色此是事不合周法四證也故鄭云其中官名時事多不合周法然按秦始皇十二年呂不韋死十六年并天下然後以十月爲歲首歲首用十月時不韋已死十五年而不韋不得以十月爲正又云周書先有月令

何得云不韋所造又秦并天下立郡何得云諸侯又秦以好兵殺害毒被天下何能布德施惠春不興兵既如此不同鄭必謂不韋作首以呂氏春秋十二月紀正與此同不過三五字別且不韋集諸儒所作為一代大典亦採擇善言之事遵立舊章但秦自不能依行何怪不韋所作也又秦為水位其來已久秦文公獲黑龍以為水瑞何怪未平天下前不以十月為歲首乎是鄭以月令不韋所作月令者包天地陰陽之事然天地有上下之形陰陽有生成之理日月有運行之度星辰有次舍之常令既贊釋其文不得不略言其趣按老子云道生一一生二二生三三生萬物易云易有大極是生兩儀禮運云禮必本於大一分而為天地易乾鑿度云大極者未見其氣大初者氣之始大始者形之始大素者質之始此四者同論天地之前及天地之始老子云道生一道與大易自然虛無之氣無象不可以形求不可以類取強名曰道強謂之大易也道生一者一則混元之氣與大初大始大素同又與易之大極禮之大一其義不殊皆為氣形之始也一生二者謂混元之氣分為二二則天地也與易之兩儀又與禮之大一分而為天地同也二生三者謂參之以人為三才也三生萬物者謂天地人既定萬物備生其間分為天地說者多家形狀之殊凡有六等一曰蓋天文見周髀如蓋在上二

曰渾天形如彈丸地在其中天包其外猶如雞卵白之繞黃楊雄桓譚張衡蔡邕陸績王肅鄭玄之徒並所依用三曰宣夜舊說云殷代之制其形體事義無所出以言之四曰昕天昕讀爲軒言天北高南下若車之軒是吳時姚信所說五曰穹天云穹隆在上虞氏所說不知其名也六曰安天是晉時虞喜所論注考靈耀用渾天之法今禮記是鄭氏所注當用鄭義以渾天爲說按鄭注考靈耀云天者純陽清明無形聖人則之制璿璣玉衡以度其象如鄭此言則天是大虛本無形體但指諸星運轉以爲天耳但諸星之轉從東而西必三百六十五日四分日之一星復舊處星既左轉日則右行亦三百六十五日四分日之一至舊星之處即以一日之行而爲一度計二十八宿一周天凡三百六十五度四分度之一是天之一周之數也天如彈丸圍圓三百六十五度四分度之一按考靈耀云一度二千九百三十二里千四百六十一分里之三百四十八周天百七萬一千里者是天圓周之里數也以圍三徑一言之則直徑三十五萬七千里此爲二十八宿周回直徑之數也然二十八宿之外上下東西各有萬五千里是爲四遊之極謂之四表據四表之內并星宿內總有三十八萬七千里然則天之中央上下正半之處則一十九萬三千五百里地在其中是地去天之數也鄭注考靈耀

云地蓋厚三萬里春分之時地正當中自此地漸漸而下至
夏至之時地下遊萬五千里地之上畔與天中平夏至之後
地漸漸向上至秋分地正當天之中央自此地漸漸而上至
冬至上遊萬五千里地之下畔與天中平自冬至後地漸漸
而下此是地之升降於三萬里之中但渾天之體雖繞於地
地則中央正平天則北高南下北極高於地三十六度南極
下於地三十六度然則北極之下三十六度常見不沒南極
之上三十六度常沒不見南極去北極一百二十一度餘若
逐曲計之則一百八十一度餘若以南北中半言之謂之赤
道去南極九十一度餘去北極亦九十一度餘此是春秋分
之日道也赤道之北二十四度爲夏至之日道去北極六十
七度也赤道之南二十四度爲冬至之日道去南極亦六十
七度地有升降星辰有四遊又鄭注考靈耀云天旁行四表
之中冬南夏北春西秋東皆薄四表而止地亦升降於天之
中冬至而下夏至而上二至上下蓋極地厚也地與星辰俱
有四遊升降四遊者自立春地與星辰西遊春分西遊之極
地雖西極升降正中從此漸漸而東至春末復正自立夏之
後北遊夏至北遊之極地則升降極下至夏季復正立秋之
後東遊秋分東遊之極地則升降正中至秋季復正立冬之
後南遊冬至南遊之極地則升降極上冬季復正此是地及

星辰四遊之義也星辰亦隨地升降故鄭注考靈耀云夏日道上與四表平下去東井十二度爲三萬里則是夏至之日上極萬五千里星辰下極萬五千里故夏至之日下至東井三萬里也日有九道故考靈耀云萬世不失九道謀鄭注引河圖帝覽嬉云黃道一青道二出黃道東赤道二出黃道南白道二出黃道西黑道二出黃道北日春東從青道夏南從赤道秋西從白道冬北從黑道立春星辰西遊日則東遊春分星辰西遊之極日東遊之極日與星辰相去三萬里夏則星辰北遊日則南遊夏至星辰北遊之極日南遊之極日與星辰相去三萬里以此推之秋冬放此可知計夏至之日日在井星正當嵩高之上以其南遊之極故在嵩高之南萬五千里所以夏至有尺五寸之景也於時日又上極星辰下極故日下去東井三萬里也然鄭四遊之極元出周髀之文但日與星辰四遊相反春分日在婁則婁星極西日體在婁星之東去婁三萬里以度言之十二度也則日沒之時去昏中之星近校十度旦時日極於東去旦中之星遠校十度若秋分日在角則角星極東日體在角星之西去角三萬里則日沒之時去昏中之星遠校十度旦時日極於西去旦中之星近校十度此皆厤乖違。於數不合鄭無指解其事有疑但禮是鄭學故具言之耳賢者裁焉但二十八宿從東而左行日從西而右行一度逆泝二十八宿按漢書律厤志云冬至之時日在牽牛初度春分之時日在婁四度夏至之時日在東井三十一度秋分之時日在角十度若日在東井則晝極長八尺之表表尺五寸之景若春分在婁秋分在角晝夜等八尺之表七尺尺五寸之景冬至日在斗則晝極短八尺之表一丈三尺之景一丈三尺之中去其一尺五寸則餘有一丈一尺五寸之景是冬夏往來之景也凡於地千里而差一寸則夏至去冬至體漸南漸下相去一十萬五千里又考靈耀云正日。假上八萬里假下一十萬四十里所以有假上假下者鄭注考靈耀之意以天去地十五萬三千五百里正月雨水之時日在上假於天八萬里下至地一十一萬三千五百里夏至之時日上極與天表平也後日漸向下故鄭注考靈耀云夏至日與表平冬至之時日下至於地八萬里上至於天十一萬三千五百里也委曲俱見考靈耀注凡二十八宿及諸星皆循天左行一日一夜一周天一周天之外更行一度計一年三百六十五周天四分度之一日月五星則右行日一日一度月一日一十三度十九分度之七此相通之數也今厤象之說則月一日至於四日行最疾日行十四度餘自五日至八日行次疾日行十三度餘自九日至十九日行則進日行十二度餘自二十日至二十三日又小疾日行十三度餘自二十四日至於晦行又最疾日行一十四度餘此是月行之大率也二十七日月行一周天至二十九日強半月及於日與日相會乃爲一月故考靈燿云九百四十分爲一日二十九日與四百九十九分爲月是一月二十九日之外至第三十日分至四百九十九分月及於日計九百四十分則四百七十爲半今四百九十九分是過半二十九分也但月是陰精日爲陽精故周髀云日猶火月猶水火則外光水則含景故月光生於日所照魄生於日所蔽當日則光盈就日則明盡京房云月與星辰陰者也有形無光日照之乃有光先師以爲日似彈丸月似鏡體或以爲月亦似彈丸日照處則明不照處則闇按律麻志云二十八宿之度角一十二度亢九氐十五房五心五尾十八箕十一東方七十五度斗二十六牛八女十二虛十危十七營室十六壁九北方九十八度奎十六婁十二胃十四昴十一畢十六觜二參九西方八十度井三十三鬼四柳十五星七張十八翼十八軫十七南方一百一十二度丑爲星紀初斗十二度終婺女七度子爲玄枵初婺女八度終於危十五度亥爲娵訾初危十六。終於奎四度戌爲降婁初奎五度終於胃六度酉爲大梁初胃七度終於畢十一度申爲實沈初畢十二度終於井十五度未爲鶉首初井十六度終於柳八度午爲鶉火初柳九度終。張十六度巳爲鶉尾初張十八度終於軫十一度辰爲壽星初軫十二度終於氐四度卯爲大火初氐五度終於尾九度寅爲析木初尾十度終於斗十一度五星者東方歲星南方熒惑西方太白北方辰星中央鎮星其行之遲速俱在律厤志不更煩說春秋說題辭云天之爲言顛也說文云天顛也劉熙釋名云。顯也又云坦也地底也其體底下載萬物又云地諦也五土所生莫不信諦元命包云日之爲言實也月闕也劉熙釋名云日實也大明盛實月闕也滿則缺也說題辭云星精。陽之榮也陽精爲日日分爲星故其字日下生也釋名云星散也布散於天又云陰蔭也氣在內奧蔭也陽揚也陽氣在外發揚此等是天地陰陽日月之名也祭法黃帝正名百物其名蓋黃帝而有也或後人更有增是其天高地下日盈月闕觜星度少井斗度多日月右行星辰左轉四遊升降之差二儀運動之法幷由人事所作皆是造化自然先儒因其自然遂以人事爲義或據理是實或構虛不經既無正文可馮今皆畧而不録

孟春之月日在營室昏參中旦尾中孟長也日月之行一歲十二會聖王因其會而分之以爲大數焉觀斗所建命其四時此云孟春者日月會於諏訾而斗建寅之辰也凡記昬

明中星者爲人君南面而聽天下視時候以授民事○參所
林反中如字徐丁仲反後放此長丁丈反趣足倶反又足侯
反本又作娵同訾子
斯反爲人于僞反

【疏】孟春至尾中○正義曰此言孟春者夏正建寅之月也呂不韋在於秦世秦以十月爲歲首不用秦正而用夏時者以夏數得天正故用之也周禮雖以建子爲正其祭祀田獵亦用夏正也○日在營室者按三統麻立春日在危十六度正月中日在室十四度元嘉麻立春日在危三度正月中日在室一度○昏參中者按三統麻立春昏畢十度中去日八十九度正月中昏井二度中去日九十三度元嘉麻立春昏昴九度中月半昏觜觿一度中皆不昏參中者月令昏明中星皆大略而言不與麻正同但有一月之內有中者即得載之計正月昏參中依三統麻在立春之後六日參星初度昏得中也但二十八宿其星體有廣狹相去遠近或月節月中之日昏明之時前星以過於午後星未至正南又星有明暗見有早晩明者昏早見而旦晩沒暗者則昏晩見而旦早沒所以昏明之星不可正依麻法但舉大畧耳餘月昏明從此可知○注孟長至民事○正義曰禮緯謂庶長稱孟故云孟長也若於人言之庶爲孟若於物言之直爲長也不取庶長之義先儒以孟春亦謂之庶長按尚書康誥云孟侯書傳天子之子十八稱

孟侯並皆稱孟豈亦庶長乎先儒以孟春稱庶長者非也云日月之行一歲十二會者日行遲一月行二十九度半餘月行疾一月行天一帀三百六十五度四分度之一過帀更行二十九度半餘逐及於日而與日會所會之處謂之爲辰鄭注周禮大師職云十一月辰在星紀十二月辰在玄枵正月辰在娵訾二月辰在降婁三月辰在大梁四月辰在實沈五月辰在鶉首六月辰在鶉火七月辰在鶉尾八月辰在壽星九月辰在大火十月辰在析木此是一歲十二會也云聖王因其會而分之以爲大數焉者聖王因其日月自然之會而分爲十二分以爲大略之數焉所以爲大略之數者以二十九日過半月及於日月。不可分兩月各有二十九日又兩月各有強半之日合兩半而成一日是一月有三十日一月二十九日一大一小之外仍有餘分一年十二月六大六小揔有三百五十四日是歲十二會之實數也仍少十一日四分日之一未得周天聖王揔以三百六十五日四分日之一爲十二會之大數一會即一辰也是一辰有三十度十二辰揔有三百六十度餘有五度四分度之一度別爲九十六分揔五度有四百八十分又四分度之一爲二十四分并之爲五百四分十二辰分之各得四十二分則是每辰有三十度九十六分度之四十二計之日月實行一會唯二十九分過半若通均一歲會數則每會有三十度九十六分度之四十二是以分之爲大數也此云孟春者日月會於娵訾而斗建寅之辰者娵訾是亥次之號立春之時日在危十六度月半雨水之時日在營室十四度營室號娵訾但星次西流日行東轉東西相逆若月初之時則日在星分之初月半之時則在星分之半月終之時在星分之末凡十二月日之所在或舉月初或舉月末皆據其大略不細與厤數齊同其昏明中星亦皆如此斗謂北斗循天而轉行建一月一辰辰三十度九十六分度之四十二正月建寅二月建卯三月建辰四月建巳五月建午六月建未七月建申八月建酉九月建戌十月建亥十一月建子十二月建丑也其十二辰之名按律厤志云孳萌於子則子孳也又云紐牙於丑則丑紐也又云引達於寅則寅引也又云冒茆於卯則卯冒也又云振美於辰則辰振也又云已盛於巳則巳已也又云蕚布於午則午蕚也又云昧薆於未則未昧也又云申堅於申則申堅也又云留孰於酉則酉留也又云畢入於戌則戌畢也又云該閡於亥則亥該也律厤志又云北伏也陽氣伏於下於時爲冬冬終也萬物終藏南任也陽氣任養萬物於時爲夏夏假也假大也西遷也陰氣遷落萬物於時爲秋秋者揫也物揫斂也東者動也陽氣動物於時爲春春蠢也物蠢生也云凡記昏明

中星者爲人君南面而聽天下視時候授民事者按書緯考靈耀云主春者鳥星昏中可以種稷主夏者心星昏中可以種黍主秋者虛星昏中可以種麥主冬者昴星昏中則入山可以斬伐具器械王者南面而坐視四星之中者而知民之緩急急則不賦力役故敬授民時是觀時候授民事也

其日甲乙乙之言軋也日之行春東從青道發生萬物月爲之佐時萬物皆解孚甲自抽軋而出因以爲日名焉乙不爲月名者君統臣功也○軋乙入反孚音敷

疏 其日甲乙○正義曰其當孟春仲春季春之時日之生養之功謂爲甲乙○注乙之至功也○正義曰乙軋聲相近故云乙之言軋也云日之行春東從青道者以星辰之次謂之黃道春時星辰西遊黃道近西黃道之東謂之青道月體不移依舊而行當青道之上故云東從青道云月爲之佐者以日月皆經天而行月亦從青道陰佐於陽故云月爲之佐知月亦從青道者以緯云月行九道九道者並與日同而青道二黃道東赤道二黃道南白道二黃道西黑道二黃道北并黃道而爲九道也並與日同也云萬物皆解孚甲自抽軋而出因以爲日名焉者以日能生養萬物萬物皆抽軋而生因其抽軋以爲日功之名也孚甲在前抽軋在後則應孟春。甲季春爲乙今三春揔云甲乙者孚甲抽軋相去不遠早生者即孟春孚甲而抽軋也晩生者即季春孚甲而抽軋也律厤志云出甲於甲則甲是孚甲也又云奮軋於乙則乙軋也又云明炳於丙則丙炳也又云大成於丁則丁成也又云豐茂於戊則戊茂也又云理紀於已則已理也理謂正紀綱也又云政更於庚則庚更也謂物改更也又云悉新於辛則辛新也又云懷任於壬則壬任也又云陳揆於癸則癸揆也謂物之陳列可揆度也云乙不爲月名者君統臣功也者月既佐日同有甲乙之功今獨以甲乙爲日名不以乙爲月名故云君統臣功君謂日也日統領月之功猶若君統領臣之功以爲已功俗本云君統臣功定本云君統功無臣字義俱通也

其帝大皞其神句芒。此蒼精之君木官之臣自古以來著德立功者也大皞宓戲氏句芒少皞氏之子曰重爲木官。大皞上音太後文及注大蔟太史大寢大室大微大廟大祝大尉大宰皆同皞亦作昊胡老反大皞宓戲也句芒古侯反下音亡句芒木正也少皞之子曰重爲之後句芒皆放此宓戲音密又音服戲又作虧亦作犧又作義同許宜反重直龍反

【疏】其帝至句芒。正義曰自孟春之月訖其日甲乙明於天道其事略竟從此以下至鴻鴈來明聖人奉天時及萬物節候也故蔡邕云法象莫大乎天地變通莫大乎四時縣象著明莫

大乎日月故先建春以奉天奉天然後立帝立帝然後言佐言佐然後列昆蟲之列物有形可見然後音聲可聞故陳音有音然後清濁可聽故言鐘律音聲可以彰故陳醆罈之屬也羣品以著五行爲用於人然後宗而祀之故陳五祀此以上者聖人記事之次也東風以下者效初氣之序也二者既立然後人君承天時行庶政故言帝者居處之宜衣服之制布政之節所明欽若昊天然後奉天時也○其帝大皡者謂自古以來木德之君其帝大皡也謂之皡者按異義古尚書說元氣廣大謂之皡天則皡皡廣大之意以伏犧德能同天故稱皡以東方生養元氣盛大西方收斂元氣便小故東方之帝謂之大皡西方之帝謂之少皡○其神句芒者謂自古以來主春立功之臣其祀以爲神是句芒者主木之官木初生之時句屈而有芒角故云句芒言大皡句芒者以此二人生時木王主春立德立功及其死後春祀之時則祀此大皡句芒故言也此之言據死後享祭之時不論生存之日故云其神句芒句芒言其神則大皡亦神也大皡言帝則句芒當云臣也互而相通大皡在前句芒在後相去縣遠非是一時大皡木王句芒有主木之功故取以相配也○注此蒼至木官○正義曰蒼是東方之色故下云駕蒼龍服蒼玉此是蒼精之君也則東方當木行之君也云著德立功者著德謂大

皞立功謂句芒也云大皞宓戲氏者以東方立德則謂之大皞德能執伏犧牲謂之伏犧即宓戲也律厤志云大皞作罔罟以田漁取犧牲故天下號曰庖犧氏又帝王世紀云取犧牲以供庖廚食天下故號曰庖犧氏或作密戲氏者密字誤也當宀下著必是古之伏字按帝王世紀云大皞帝庖犧氏風姓也母曰華胥遂人之世有大人之迹出於雷澤之中華胥履之生庖犧於成紀蛇身人首有聖德爲百王先帝出於震未有所因故位在東主春象日之明是以稱大皞一號黃熊氏云少皞氏之子曰重爲木官者按昭二十九年左傳蔡墨云少皞氏有四叔曰重曰該曰脩曰熙重爲句芒該爲犂收脩及熙爲玄冥顓頊氏有子曰犂爲祝融共工氏有子曰句龍爲后土是重爲句芒若然按楚語云重爲南正司天犂爲火正司地所以又爲南正火正不同者蓋重爲木正兼爲南正司天犂爲火正兼爲北正司地故韋昭注國語云火當爲北重既顓頊時爲南正按楚世家高辛氏誅重犂依帝繫顓頊高辛各有一人爲帝則重既事顓頊又事高辛鄭則依命厤序以顓頊傳九世帝嚳傳十世則重何得事顓頊又事高辛者師解重人號雖子孫皆號曰重猶若羿爲堯時射官至夏后相之時猶有羿也自古以來紀君臣之號按昭十七年左傳云顓頊以來不能紀遠乃紀於近命以民事服注云

自少皥以上天子之號以其德百官之號以其徵自顓頊以來天子之號以其地百官之紀以其事則伏犧神農黃帝少皥皆以德爲號也高陽高辛唐虞皆以地爲號也雖以。地爲號兼有德號則帝嚳顓頊堯舜是其德號

其蟲鱗 象物孚甲將解鱗龍蛇之屬

其音角 謂樂器之聲也三分羽益一以生角角數六十四屬木者以其清濁中民象也春氣和則角聲調樂記曰角亂則憂其民怨凡聲尊卑取象五行數多者濁數少者清大不過宮細不過羽

【疏】其音角○正義曰其春時之音爲當於角取象木之聲不云其聲角而云其音者单出曰聲雜比曰音音則樂曲也以春時調和樂以角爲主故云其音角○注謂樂至過羽○正義曰恐是他物之聲故云樂器也但角是扣木之聲但作樂器之體象此扣木之聲云三分羽益一以生角角數六十四者以天地人謂之三才又陽數極於九故律厤志云五聲之本生黃鍾律之九寸爲宮於管則九寸於弦則九九八十一絲也律厤志又云或損或益以定宮商角徵羽宮三分去一下生徵徵數五十四徵三分益一上生商商數七十二商三分去一下生羽羽數四十八羽三分益一上生角角數六十四是其損益相生之數也律厤志云商之爲言章也物成熟可章度也角觸也觸地而出戴芒角也宮

中也居中央暢四方唱始施生爲四聲綱也徵祉也物盛大而蕃祉也羽聚也聚藏宇覆之也云屬木者以其清濁中民象也者木之聲清於土金之聲濁於水火之聲今角聲亦清於宮商濁於徵羽故角聲屬木所以清濁中凡數多者濁數少者清今宮數八十一商數七十二徵數五十四羽數四十八角數六十四少於宮商多於徵羽故云清濁中旣尊者爲濁卑者爲清民則卑於君臣尊於事物亦是尊卑之中故云民之象也按樂記及律厤志云宮爲君商爲臣角爲民徵爲事羽爲物羽屬北方其數少所以黃鍾在子其數多者冬時凝寒之氣在於地上水又清輕羽旣稟其寒氣又象水聲故其數少冬至陽氣伏於地下溫積土中黃鍾含藏陽氣又象土聲故其數多各自爲義不相須也引樂記曰角亂則憂其民怨者證明角主於人云凡聲尊卑取象五行者宮主土土聲濁其數多故主君商主金金聲稍重其數稍多故爲臣角主木木聲清濁中其數多少中故爲民徵主火火聲稍輕其數稍少故爲事事謂人之所營事務也羽爲水水聲極輕其數最少故爲物物也物謂人之所用財物指其所營謂之事論其所用之體謂之物人是萬物之靈事物是人營作故卑於人也云大不過宮細不過羽者按國語景王欲鑄無射伶州鳩諫云大不踰宮細不踰羽踰即過也

律中大

蔟律候氣之管以銅爲之中猶應也孟春氣至則大蔟之律應應謂吹灰也大蔟者林鍾之所生三分益一律長八寸凡律空圍九分周語曰大蔟所以金奏贊陽出滯○律中丁仲反後放此凡如此之例十二月文注皆可以類求之蔟七豆反奏也應應對之應下皆放此長直亮反又如字後皆放此律空徐音孔

其數八數者五行佐天地生物成物之次也易曰天一地二天三地四天五地六天七地八天九地十而五行自水始火次之木次之金次之土爲後木生數三成數八但言八者舉其成數

其味酸其臭羶木之臭味也凡酸羶者皆屬焉○羶失然反

其祀戶祭先脾春陽氣出祀之於戶內陽也祀之先祭脾者春爲陽中於藏直脾脾爲尊凡祭五祀於廟用特牲有主有尸皆先設席于奧祀戶之禮南面設主于戶內之西乃制脾及腎爲俎奠于主北又設盛于俎西祭黍稷祭肉祭醴皆三祭肉脾一腎再既祭徹之更陳鼎俎設饌于筵前迎尸略如祭宗廟之儀○脾婢支反藏才浪反後放此直丈吏反又如字下宿直同後放此奥烏報反腎時忍反

疏律中大蔟○正義曰上從其日甲乙下終其祀戶皆揔主三月一時之事此律中大蔟惟主正月之氣宜與東風解凍文次相連必在於其此者

角是春時之音律審正月之氣音由氣成以其音氣相須故
律角同處言正月之時候氣之管中於大蔟中猶應也謂候
氣飛灰應於大蔟其大蔟夾鍾六律六吕之等皆是候氣管
名言正月之時律之候氣應於大蔟之管又計大蔟管數倍
而更半鑄之爲鍾名曰大蔟之鍾是大蔟之鍾元生於大蔟
之律是律在於前鍾生於後故律厤志云黄帝使伶倫氏自
大夏之西崑崙之陰坂竹之解谷斷兩節間而吹之以爲黄
鍾之宫制十二筩以聽鳳凰之鳴其雄鳴則爲六律雌鳴則
爲六吕是律生在前蔡氏以爲大蔟鐘名先有其鍾後有其
律言律中此大蔟之鍾其義非也陽管爲律律法也言陽氣
與陰氣爲法鄭云律述也述氣之管陰管爲吕律厤志云吕
助也言助陽宣氣又云吕拒也言與陽相承更迭而至又陰
律稱同言與陽同也揔而言之陰陽皆稱律故十二月皆云
律中是也按律厤志云黄鍾黄者中之色君之服也鍾者種
也陽氣施種於黄泉孳萌萬物爲六氣元也變動不居周流
六虚位於子在十一月大吕吕旅也言陰氣大旅助黄鍾宣
氣而牙物也位在於丑在於十二月大蔟蔟湊也言陽氣大
湊地而達物也位於寅在正月夾鍾鍾鍾也夾助也言陰夾
助大蔟宣四方之氣而出鍾物也位於卯在二月姑洗洗之
言絜也言陽氣洗物姑絜之也位於辰在三月仲吕言微陰

始起未成著於其中旅助姑洗宣氣齊物也位於巳在四月蕤賓蕤繼也賓道也言陽氣始道陰氣使繼養物也位於午在五月林鍾林君也陰氣受任助蕤賓君主種物使長大茂盛也位於未在六月夷則則法也言陽正法度而使陰氣夷當傷之物位於申在七月南呂南任也言陰氣旅助夷則任成萬物也位於酉在八月無射射厭也言陽氣究物而使陰氣畢剝落之終而復始無厭已也位於戌在九月應鍾言陰氣應無射該藏萬物而雜陽閡種也位於亥在十月其十二律則有上生下生同位異位長短分寸之別故鄭注周禮大師職云其相生則以陰陽六體爲。黃鍾初九也下生林鍾之初六林鍾又上生大蔟之九二大蔟又下生南呂之六二南呂又上生姑洗之九三姑洗又下生應鍾之六三應鍾又上生蕤賓之九四蕤賓又上生大呂之六四大呂又下生夷則之九五夷則又上生夾鍾之六五夾鍾又下生無射之上九無射又上生中呂之上六同位者象夫妻異位者象子母所謂律取妻而呂生子也黃鍾長九寸其實一籥。下生者三分去一。生者三分益一五下六上乃一終矣大呂長八寸二百四十三分寸之一百四大蔟長八寸夾鍾長七寸二千一百八十七分寸之千七十五姑洗長七寸九分寸之一中呂長六寸萬九千六百八十三分寸之萬二千九百七十四蕤賓長六寸六十二分寸之二十六林鍾長六寸夷則長五寸七百二十九分寸之四百五十一南呂長五寸三分寸之一無射長四寸六千五百六十一分寸之六千五百二十四應鍾長四寸二十七分寸之二十是也同位象夫妻者則黃鍾之初九下生林鍾之初六同是初位故爲夫婦又是律娶妻也異位爲子母者謂林鍾上生大蔟林鍾是初位大蔟是二位故云異位爲子母又是呂生子也云五下六上者謂林鍾夷則南呂無射應鍾皆被子午已東之管三分滅一而下生之六上者謂大呂大蔟夾鍾姑洗中呂蕤賓皆被子午已西之管三分益一而上生之子午皆屬上生應云七上而云六上者以黃鍾爲諸律之首物莫之先似若無所稟生故不數黃鍾也其實十二律終於仲呂還反歸黃鍾生於仲呂三分益一大略得應黃鍾九寸之數也律麻志云黃鍾爲天統林鍾爲地統大蔟爲人統故數整餘律則各有分數○注律候至出滯○正義曰按司農注周禮云陽律以竹爲管陰律以銅爲管鄭康成則以皆用銅爲之知者按律麻志量者籥合升斗斛本起黃鍾之籥而五量如之其法皆用銅聲中黃鍾以此準之故知用銅也司農云陽律以竹陰律以銅非也云應謂吹灰也者蔡邕云以法爲室三重戶閉塗舋必周密布緹緹室中以木爲案每律各一案內庳外高從其方位加律其

上以葭灰實其端其月氣至則灰飛而管通如蔡所云則是爲十二月律則布室內十二辰若其月氣至則其辰之管灰飛而管空也然則十二律各當其辰邪埋地下入地處庳外出地處高故云內庳外高黃鍾之管埋於子位上頭嚮南以竹諸管推之可悉知又律云以河內葭莩爲灰宜陽金門山竹爲管熊氏云按吹灰者謂作十二律管於室中四時位上埋之取蘆莩燒之作灰而實之律管中以羅縠覆之氣至則吹灰動縠矣小動爲氣和大動爲君弱臣強專政之應不動縠爲君嚴猛之應云凡律空圍九分者以黃鍾爲諸律之首諸律雖長短有差其圍皆以九分爲限孟康云林鍾長六寸圍六分則圍之大小逐管長短然則分寸之數不可定也故鄭皆爲圍九分也引周語曰以下者按周語景王欲鑄無射伶州鳩對以此辭按彼注云大蔟正聲商故爲金奏所以助陽出滯物也○注數者至成數○正義曰五行佐天地生成萬物之次者五行謂金木水火土謂之五行者按白虎通云行者言欲爲天行氣也謂之水者白虎通云水訓準是平均法則之稱也言水在黃泉養物平均有準則也木訓觸也陽氣動躍觸地而出也火之爲言化也陽氣用事萬物變化也金訓禁也言秋時萬物陰氣所禁止也土訓吐也言土居中揔吐萬物也生物者謂木火七八之數也成物者謂金水九六之

數也則春夏生物也春冬成物也故易繫辭云精氣爲物
遊魂爲變也注云精氣謂七八遊魂謂九六則是七八生物
九六終物是也引易曰以下者易下繫文也天陽地陰陽數
奇陰數耦陽所以奇者陽爲氣氣則渾沌爲一無分別之象
又爲日日體常明無虧盈之異故其數奇其陰數所以耦者
陰爲形形則有彼此之殊又爲月則有晦朔之别故其數耦
按律厤志云天數二十五所以二十五者天一天三天五
天七天九總爲二十五律厤志又云地數三十者地二地四
地六地八地十故三十也以天地之數相合則易之大衍之
數五十五也云五行自水始火次之木次之金次之土爲後
者天一生水於北地二生火於南天三生木於東地四生金
於西天五生土於中以益五行生之本按尚書洪範云一曰
水二曰火三曰木四曰金五曰土故其次如是也所以一曰
水者乾貞於十一月子十一月一陽生故水數一也又天地
之内水體最微故水爲始也二曰火者坤貞於六月未六月
兩陰生陰不敢當午火比於水嚴厲著見故次火也三曰木
者正月三陽生是建寅之月故三曰木木比火象有體質故
次木也四曰金者八月四陰生是建酉之月故四曰金金比
木其體堅剛故次金也五曰土者三月五陽生三月建辰之
月辰爲土是四季之首土王四季故五曰土載四行又廣大

故次土也水所以在北方者從盛陰之氣所以潤下者下從陰也火所以在南方者從盛陽之氣炎上者從陽也木所以在東者東是半陰半陽曲直以陰陽俱有體質尚柔故可曲可直也金所以在西方者西方亦半陰半陽但物既成就體性堅剛雖可改革猶須火柔之土所以在中者以其包載四行含養萬物爲萬物之主稼穡者所以養萬物也云木生數三成數八者鄭注易繫辭云天一生水於北地二生火於南天三生木於東地四生金於西天五生土於中陽無耦陰無配未得相成地六成水於北與天一并天七成火於南與地二并地八成木於東與天三并天九成金於西與地四并地十成土於中與天五并也大衍之數五十有五五行各氣并氣并而減五惟有五十以五十之數不可以爲七八九六卜筮之占以用之故更減其一故四十有九也是鄭注之意水數一成數六火數二成數七木數三成數八金數四成數九土數五成數十故此云木生數三成數八但言八者舉其成數者金木水火以成數爲功皇氏用先儒之義以爲金木水火得土而成以水數一得土數五故六也火數二得土數五爲成數七木數三得土數五爲成數八又金數四得土數五爲成數九此非鄭義今所不取○注木之至屬焉○正義曰通於鼻者謂之臭在口者謂之味臭則氣也所以木

味酸尚書孔傳云木實之性然則木實酸凡草木所生其氣羶也夏其味苦其臭焦者尚書孔傳云焦之氣味火燒物焦焦則味苦中央云其味甘其臭香孔傳云甘味生於百穀味甘則氣香秋其味辛其臭腥者孔傳云金之氣味言金臭之氣則腥在口則辛冬云其味鹹其臭朽者孔傳云水鹵所生故味鹹又水受惡穢故有朽腐之氣○注春陽至之儀○正義曰春陽氣出祀之於戶者戶在內從外向內戶又在內故云內陽也戶是人之出入戶則有神故祭法注七祀云小神居人之閒司察小過作譴告者爾此戶神則陽氣在戶內之神故云祀之於戶內陽也由位在戶內又秋其祀門注云秋陰氣出祀之於門者門在外從內向外門又在外故云外陰也則門神陰氣之神是陰陽別氣在門戶者與人作神也又云春爲陽中於藏值脾脾爲尊者以祭戶之時脾腎俱有先用脾以祭之者以春爲陽中於藏值脾脾既春時最尊故先祭之脾爲尊也所以春位當脾者牲立南首肺祭在前而當夏也腎最在後而當冬也從冬稍前而當春從腎稍前而當脾故春位當脾從肺稍却而當心故中央主心從心稍却而當肝故秋位主肝此等直據牲之五藏所在而當春夏秋冬之位耳若其五行所生主五藏則不然矣故異義云今文尚書歐陽說肝木也心火也脾土也肺金也腎水也古尚書說

脾木也肺火也心土也肝金也腎水也許愼按月令春祭脾
夏祭肺季夏祭心秋祭肝冬祭腎與古尚書同鄭駁之云月
令祭四時之位及其五藏之上下次之耳冬位在後而腎在
下夏位在前而肺在上春位小前故祭先脾秋位小却故祭
先肝腎也脾也俱在鬲下肺也心也肝也俱在鬲上祭者必
三故有先後焉不得同五行之氣今醫疾之法以肝爲木心
爲火脾爲土肺爲金腎爲水則有瘳也若反其術不死爲劇
如鄭此言五行所主則從今文尚書之說不同許愼之義云
凡祭五祀於廟用特牲之下皆中霤禮文云祭五祀於廟者
設祭戶祭中霤在於廟室之中先設席於廟堂之奧若祀竈
祀門祀行皆在廟門外先設席於廟門之奧雖廟室廟門有
別揔而言之皆謂之廟故云凡祭五祀於廟此謂殷禮也若
周則七祀加司命與厲也不審祀之處所亦當與竈門行等
俱在廟門之外祀也若周揔在宮內故宮正法云祭社稷七
祀於宮中此特牲謂特牛故小司徒云小祭祀奉牛牲注云
小祭祀王玄冕所祭若諸侯或亦當然其大夫所祭或特羊
也云有主有尸者謂天子諸侯若卿大夫廟無主則五祀無
主也云祀之禮設主於戶內西者先設席於奧乃更設席於
廟戶西夾北嚮置主位設主之人南面設主於戶西位上使
主北面云乃制脾及腎爲俎奠於主北者謂設主之後以制

制脾之與腎爲俎實奠于主北主既北面奠於主前云又設
盛於俎西者盛謂黍稷俎在主前稍東故黍稷之簋在主前
稍西云祭黍稷祭肉祭醴皆三者當時惟始設主未有迎尸
則是祀官祭簋中黍稷祭俎中脾腎之肉祭薦之醴皆三度
祭之黍亦三祭醴亦三祭肉亦三祭故云皆三祭云肉脾一
腎再者申明祭肉三度之事其祭肉三者脾尊故一祭腎卑
故再祭云既祭徹之更陳鼎俎設饌于筵前者謂既祭黍稷
祭肉醴之後徹去俎之與盛更陳列鼎俎設其饌食於初設
奧之筵前其時主已移於筵上主人出戶迎尸尸入即筵而
坐但宗廟之祭尸入之後始祭籩豆及黍稷醴其祭尸之時
已於西祭黍祭肉祭醴今迎尸而入則應坐而饌食不更祭
黍稷祭肉祭醴故云略如祭宗廟之儀祭戶所以先設席於
奧乃設饌筵迎尸皆在奧者就尊之處也中閒設主祭黍
祭肉。戶西者就戶處也其餘五祀所祭設主皆就其處也○

東風解凍蟄蟲始振魚上冰獺祭魚鴻鴈來

皆記時候也振動也夏小正正月啓蟄魚陟負冰漢始亦以
驚蟄爲正月中此時魚肥美獺將食之先以祭也鴈自南方
來將北反其居今
月令鴻皆爲候
〔疏〕東風至鴈來○正義曰此記正月之
時候然十二月之時候體例不一而

正月七月記時候凡有五句自餘皆四句多少不同者時候
多則五句少則四句無義例也其二至二分之月皆再記於
時候者以二至是陰陽之始終二分是陰陽之交會是節之
大者故再記之季春亦記時候者蠶之將生故記其蠶候也
故季春鳴鳩拂其羽戴勝降于桑注蠶將生之候是也凡記
時候先言者則氣候在前後言者則氣候在後言蟄蟲始振
者謂正月中氣之時蟄蟲得陽氣初始振動至二月乃大驚
而出對二月故云始振云魚上冰者魚當盛寒之時伏於水
下逐其温暖至正月陽氣既上魚游於水上近於冰故云魚
上冰也○注夏小至爲候○正義曰夏小正大戴禮之篇名
云正月啟蟄者證經中蟄蟲始振始振則啟蟄也云魚陟負
冰者陟升也謂魚從水下升於冰上而負冰證經中魚上冰
云漢始亦以驚蟄爲正月中者以漢之時立春爲正月節驚
蟄爲正月中氣雨水爲二月節春分爲二月中氣至前漢之
末以雨水爲正月中驚蟄爲二月節故律麻志云正月立春
節雨水中二月驚蟄節春分中是前漢之末劉歆作三統麻
改驚蟄爲二月節鄭以舊麻正月啟蟄即驚也故云漢始亦
以驚蟄爲正月中但蟄蟲正月始驚二月大驚故在後移驚
蟄爲二月節雨水爲正月中凡二十四氣按三統麻正月節
立春雨水中二月節驚蟄春分中三月節穀雨清明中四月節

節立夏小滿中五月節芒種夏至中六月節小暑大暑中七月節立秋處暑中八月節白露秋分中九月節寒露霜降中十月節立冬小雪中十一月節大雪冬至中十二月節小寒大寒中校通卦驗及今麻以清明爲三月節穀雨爲三月中餘皆與律麻志並同謂之雨水者言雪散爲雨水也謂之驚蟄者蟄蟲驚而走出謂之穀雨者言雨以生百穀謂之清明者謂物生清淨明絜謂之小滿者言物長於此小得盈滿謂之芒種者言有芒之穀可稼種謂之小暑大暑者就極熱之中分爲小大月初爲小月半爲大謂之處暑者謂暑旣將退伏而潛處謂之白露者陰氣漸重露濃色白謂之寒露言露氣寒將欲凝結謂之小雪大雪者以霜雨凝結而雪十月猶小十一月轉大謂之小寒大寒者十二月極寒之時相對爲大小月初寒爲小月半寒爲大凡二十四氣氣有十五日有餘每氣中半分之爲四十八氣氣有七日半有餘故鄭注周禮云有四十八箭是一氣易一箭也凡二十四氣每三分之七十二氣氣間五日有餘故一年有七十二候也故通卦驗冬至之前五日商賈不行兵甲伏匿人主與羣臣左右從東爾五日以五日一候也按通卦驗云立春雨水降條風至雉雊雞乳冰解條風即東風也冰解即解凍也與月令同雨水者謂節氣早月初雨水也雉雊雞乳於月令在季冬若節氣

晩亦得退在正月通卦驗云正月中猛風至注云猛風動搖樹木有聲者猛風即東風之甚也獺祭魚與此同按下季冬鴈北鄉據其從南始北正月來至中國故此云鴻鴈來但來有先後後者二月始來故通卦驗二月節云候鴈北云今月令鴻皆爲候者但月令出有先後入禮記者爲古不入禮記者爲今則呂氏春秋是也鴻字皆爲候也

○天子居青陽左个乘鸞路駕倉龍載青旂衣青衣服倉玉食麥與羊其器疏以達

昔所以順時氣也青陽左个大寢東堂北偏鸞路有虞氏之車有鸞和之節而飾之以青取其名耳春言鸞冬夏言色互文馬八尺以上爲龍凡所服玉謂冠飾及所珮者之衡璜也麥實有孚甲屬木羊火畜也時尚寒食之以安性也器疏者刻鏤之象物當貫土而出也凡此車馬衣服皆所取於殷時而有變焉非周制也周禮朝祀戎獵車服各以其事不以四時爲異又玉藻曰天子龍衮以祭玄端而朝日皮弁以日視朝與此皆殊 ○个古賀反後放此鸞力官反路本又作輅載音戴後放此旂巨機反後放此衣青於旣反後放此下注衣甲保猶衣同器本又作器同冬夏此卷內可以意求之璜音黃畜許又反貫古亂反朝

直遥反下文注同卷本又作衮古本反玄端音晃

【疏】天子至以達○正義曰此巳前明天時氣候早晚此明天子每時居處及所乘車馬所建旌旂所服衣玉所食牲穀及器物之屬龍與玉言蒼者蒼亦青也遠望則蒼蒼與衣云青者欲見人功所爲故以近色言之○注皆所至皆然○正義曰色則順時食與器則順氣也云青陽左个大寢東堂北偏者北偏近北也然則此是明堂北偏而云大寢者欲明明堂與大廟大寢制同故兼明於明堂聽朔竟次還大廟次還大寢也然云東堂則知聽朔皆堂不於五角之室中也云鸞路有虞氏之車者明堂位云鸞車有虞氏之路也今既云鸞路故知是有虞氏之車也用有虞氏則知非周也云有鸞和之節而飾之以青取其名耳者因其有鸞故不言青而云鸞也云春言鸞冬夏言色互文者春言鸞則夏秋冬並鸞也夏云朱冬云玄則春青秋白可知也云馬八尺以上爲龍者出庾人職云凡所服玉謂冠飾及所佩者之衡璜者冠飾即晃之旒及笄也衡璜即是所佩玉之名也佩玉之制按韓詩外傳云佩玉上有蔥衡下有雙璜牙蠙珠以納其間則古之佩玉上以蔥爲衡横置於上以貫珠之繩三條縣於衡上垂之而下以雙璜縣於兩畔繩之下端又以牙懸於中繩下端使前後觸璜以爲聲衡之下璜之上皆貫蠙珠故云蠙珠以納其間

謂納於衡璜之間也云麥實有孚甲屬木者鄭云黍秀舒散屬火麻實有文理屬金菽實孚甲堅合屬水稷五穀之長屬土是五穀所配之方也云羊火畜也者按尚書五行傳曰貌之不恭則有雞禍注雞畜之有冠翼者屬貌言之不從則有犬禍注犬畜之以口吠守者屬言視之不明則有羊禍注羊畜之遠視者屬視聽之不聰則有豕禍注豕畜之居閑衛而聽者屬聽思之不睿則有牛禍注地厚德載物牛畜之任重者屬思王之不極則有馬禍注天行健馬畜之疾行者屬王極是雞為木畜羊為火畜牛為土畜犬為金畜豕為水畜但陰陽取象多塗故午為馬酉為雞不可一定也云時尚寒食之以安性也者羊是火畜而春時食之明其有意食以安性也春時尚寒故食火畜以助之夏食菽與雞者以氣九熱水能尅火木必抑土故食北方之穀與東方之牲減其熱氣亦以安性秋食麻與犬者秋氣既涼又將嚮寒不有其害故食當方之穀牲也冬食黍與彘者冬氣極寒故食火穀以減寒寒勝於熱故食當方之牲云器疏者刻鏤之象物當貫土而出也者刻鏤為文使文理麤疏直而通達也云凡此車馬衣服皆所取於殷時而有變焉非周制也者以虞夏之制有日月星辰十二章之服周之制朝祀戎獵車服各有殊今此下與周禮不同上與虞夏又異故云取殷時也殷乘木路此乘

鸞路不純用殷故云而有變焉謂變殷而乘虞路也云周禮朝祀戎獵車服各以其事不以四時爲異者按周禮朝則皮弁服祀則六冕服戎則韋弁服田獵冠弁服又周禮朝乘象路祀乘玉路戎乘革路獵乘木路是車服各以其事不以四時爲異也又引玉藻天子龍衮以祭者證四時皆龍衮玄衣纁裳不隨時而別又引玉藻玄端而朝日者證此朝日不玄端而著青衣又引皮弁以日視朝者皮弁白布衣四時皆然不隨時而變是與此皆殊明月令所云非周法也○是月也以立春先立春三日大史謁之天子曰某日立春盛德在木天子乃齊太史禮官之屬掌正歲年以序事謁告也○先悉薦反齊側皆反本亦作齋卷內放此○立春之日天子親帥三公九卿諸侯大夫以迎春於東郊還反賞公卿諸侯大夫於朝迎春祭倉帝靈威仰於東郊之兆也王居明堂禮曰出十五里迎歲蓋殷禮也周近郊五十里賞謂有功德者有以顯賜之也朝大寢門外○還音旋後放此【疏】是月至於朝○正義曰此一

節論立春天子迎春氣及行賞之事各依文解之○是月也以立春者十二月節氣有早晚若節氣晚則月之節氣在當月之內若節氣早月之節氣在前月之中故立春爲正月之節有在十二月之時但至立春之時雖在十二月即行立春之事云是月者謂是月之氣不謂是月之日也凡四立之月天子車服之下皆云是月以其爲下立春立夏立秋立冬事重故云是月其非四立之月仲夏即云養壯佼季夏云命漁師十一月云飭死事十二月云命有司大難皆不云是月者或是事爲細小或是事通他月故不云是月季冬難事雖大惟此月爲之亦不云是月者以年事既終惟難而已故不須云是月或作記之人辭有詳略不爲義例也凡言是月者是月之後若是事相連接辭有首尾則因前是月不別起是月之文若別事異端則更云是月也他皆倣此此云是月下至以初爲常是皆立春之時告命之事故不更云是月次云祈穀於上帝至命曰勞酒論祈穀耕藉反迴勞飲是其一事故不更云是月次云是月也命樂正入學習舞至埋胔論習舞修祭毋用牝牲是含養之事故毋覆巢及掩骼埋胔中間小異事亦相連故不別云是月次云是月也不可以稱兵與上事別又論天地人之大道故別云是月舉此爲例其餘月或云是月或不云是月就文可知○先立春三日者周法四時

迎氣皆前期十日而齋散齋七日致齋三日今秦法簡省故
三日也蓋散齋二日致齋一日○盛德在木者天以覆蓋生
民爲德四時各有盛時春則爲生天之生育盛德在於木位
故云盛德在木○注大史至謂告也○正義曰按周禮大史
屬春官春官主禮故云大史禮官之屬云掌正歲年以序事
者大史職文鄭注云中數曰歲朔數曰年中數者謂十二月
中氣一周揔三百六十五日四分之一謂之一歲朔數者朔
十二月之朔一周謂三百五十四日謂之爲年此是歲年相
對故有朔數中數之別若散而言之歲亦年也故爾雅釋天
云唐虞曰載夏曰歲商曰祀周曰年是也按釋言云告謁請
也同訓爲請是謁爲告也○立春至於朝○此立春立秋云
天子親帥三公九卿諸侯大夫立夏立冬云親帥三公九卿
大夫不云諸侯文不備當亦有諸侯故立夏下云乃封諸侯
於夏既然明冬諸侯亦然在孟春云賞公卿諸侯大夫於朝
孟夏云還乃行賞封諸侯慶賜遂行無不欣說孟秋云還乃
賞軍帥武人於朝孟冬云還乃賞死事恤孤寡四時所賞不
同者庾云順時氣也春陽氣始著仁澤之時故順其時而賞
朝臣及諸侯也至夏陽氣尤盛萬物增長故用是時慶賜轉
廣是以無不欣說也秋陰氣始著嚴凝之時故從其時而賞
軍帥及武人也至冬陰氣尤盛萬物衰殺故用是時賞死事

者及其妻子也○注迎春至門外○正義曰按賈馬蔡邕皆爲迎春祭大皞及句芒以上云其帝大皞其神句芒故也今鄭獨以爲蒼帝靈威仰者以春秋文耀鉤云蒼帝靈威仰禮器云饗帝於郊而風雨寒暑時是人帝何能使風雨寒暑得時又詩及尚書云上帝皆爲天也周禮司服云王祀昊天上帝則服大裘而冕祀五帝亦如之五帝若是人帝何得與天帝同服故以爲靈威仰上云盛德在木者盛德則靈威仰之盛德也云王居明堂禮者逸禮之篇名引之者證十五里迎春與周不同故云蓋殷禮也云周近郊五十里者鄭注尚書君陳序云天子近郊五十里今河南洛陽相去則然是也云朝大寢門外者大寢則路寢天子有三朝一是燕朝在路寢也二是治朝則此路寢門外應門之內以其賞賜公卿大夫宜在治事之朝故云大寢門外三是外朝在庫門之外皐門之內大詢衆庶聽斷罪人之處也○**命相布**

德和令行慶施惠下及兆民相謂三公相王之事也德謂善教也令謂時禁也慶謂休其善也惠謂恤其不足也天子曰兆民○相息亮反注同下善相并注放此施如字又始豉反休許收許蚪二反美也○**慶賜遂行毋有不當**遂猶達也言使當得者皆得得者無非其人○

毋音無本亦作無〈疏〉命相至不當○正義曰此一經因上下同當丁浪反○天子迎春反國命三公布教施惠之事各依文解之○注相謂至兆民○正義曰按公羊隱五年傳云三公者何天子之相也自陝而東者周公主之自陝而西者召公主之一相處乎內是三公相王之事也至六國時一人知事者特謂之相故史記稱穰侯范雎蔡澤皆爲秦相後又爲丞相也云天子曰兆民者左傳閔元年晉卜偃之辭也○注遂猶至其人○正義曰遂是申遂故尚書云顯忠遂良商頌云莫遂莫達是遂爲達言慶賜之事通達施行使之周徧云使當得者皆得無非其人也者謂當慶賜之人皆是有功可慶賜無此不合得慶之人非人謂無功無德之徒○乃命大史守典奉法司天日月星辰之行宿離不貸毋失經紀以初爲常 典六典法八法也離讀如儷偶之儷宿儷謂其屬馮相氏保章氏掌天文者相與宿偶當審候伺不得過差也經紀謂天文進退度數○宿息六反徐音秀離依注音儷呂計反偶也貸吐得反徐音二馮音憑相息亮反又如字伺音司〈疏〉乃命至爲常○正義曰迎春既還行賞以又息嗣反○畢乃命大史之官令守其六典奉其八法

司主天文及日月星辰之行天則左還一日一度一年三百六十五度四分度之一又至周一度日月五星並逆行○天右行各有多少辰有二十八宿亦隨天左行大史令其屬官在其候處止宿配偶相與審候不得貸變過差若應候不候應知不知則是候過差無失經紀者經紀謂天文進退度數言當推勘考按使得其中應進則言進應退則言退若其推步不明算厤失所遲疾不依其度進退或失其常是失經紀○以初爲常者初謂舊來所法恒須遵奉以爲常行故云以初爲常○注典六至度數○正義曰六典者則太宰云天官治典地官教典春官禮典夏官政典秋官刑典冬官事典八法者一曰官屬二曰官職三曰官聯四曰官常五曰官成六曰官法七曰官刑八曰官計云離讀爲儷偶之儷者按成十一年左傳云鳥獸猶不失儷禮有儷皮儷是配偶故云讀如儷偶之儷云馮相氏保章氏掌天文者馮相保章皆中士二人馮相者鄭注馮乘也相視也世登高臺以視天文之次序保章者鄭注保守也世守天文之變雖俱掌天文其事不同馮相氏主日月五星年氣節候推步遲疾審知所在之處若今之司厤主其筭術也保章者謂守天之文章謂天文違變度數失其恒次妖孽所在吉凶所生若今之天文家惟主變異也此其所掌別也云相與宿偶常審候伺不得過差者言大

史之官使其僚屬馮相保章恒在候處相與出宿
配偶共審察伺候不得怠慢不覺天之變異也〇是月
也天子乃以元日祈穀于上帝謂以上辛郊祭天也春秋傳曰夫郊
祀后稷以祈農事是故啓蟄而郊郊而後耕上帝大微之帝也乃擇元辰天子親載
耒耜措之于參保介之御間帥三公九卿諸
侯大夫躬耕帝藉天子三推三公五推卿諸
侯九推元辰蓋郊後吉辰也耒耜之上曲也保介車右也置耒於車右與御者之間明已勸農非農者也人
君之車必使勇士衣甲居右而參乘備非常也保猶衣也介
甲也帝藉爲天神借民力所治之田也〇耒力對反字林云
耕曲木垂所作力隹反又力水反耜音似措七故反置也介
音界注同藉在亦反說文作耤云帝耤千畝推出崔反又吐
回反下同推謂伐也乘繩證反爲于僞反下爲仲春爲傷爲死氣皆同
反執爵于大寢
三公九卿諸侯大夫皆御命曰勞酒既耕而宴飮以勞羣

臣也大寢路寢御侍也○勞力報反注同

〔疏〕是月至勞酒○正義曰此一節論迎春既反春事○巳起當祈穀親耕燕勞之事各依文解之○注謂以至之帝○正義曰按郊特牲云郊之用辛鄭注凡為人君當齋戒自新又云郊之祭也迎長日之至鄭注引易說云二王之郊一用夏正春分而日迎長故云迎長日之至郊特牲云郊不言祈穀此經言祈穀不言郊鄭以為二祭是一故此注謂以上辛郊祭天也鄭既以二祭為一恐人為疑故引春秋傳以明之按襄七年左傳云孟獻子曰郊祀后稷以祈農事也是故啓蟄而郊郊而後耕彼祈農事者則此祈穀也彼云郊而後耕此是祈穀之後即躬耕帝藉是祈穀與郊一也云上帝大微之帝者春秋緯文紫微宮為大帝大微為天庭中有五帝座是即靈威仰赤熛怒白招拒汁光紀含樞紐祈穀郊天之時各祭所感之帝殷人則祭汁光紀周人則祭靈威仰以其不定故摠云大微之帝若迎春之時前帝後王皆祭靈威仰故前注云迎春祭蒼帝靈威仰特指一帝也此郊雖祈穀亦是報天故郊特牲云郊之祭也大報天而主日也○乃擇元辰至九推甲乙丙丁等謂之日郊之用辛上云元日子丑寅卯之等謂之為辰耕用亥日故云元辰○天子親載耒耜者謂天子所乘車上親載耕田之耒耜措之於參保介御之閒者措置也保介車

右也御者御車之人車右及御人皆是主參乘於時天子在
左御者在中車右在右言置此耒器於參乘保介及御者之
間然後帥三公九御而往南郊躬耕藉田也○注元辰至之
田○正義曰知用亥者以陰陽式法正月亥爲天倉以其耕
事故用天倉也盧植蔡邕並云郊天是陽故用日耕藉是陰
故用辰元者善也郊雖用日亦有辰但日爲吉主耕之用辰
亦有日但辰爲主皇氏云正月建寅日月會辰在亥故耕用
亥也未知然否云置耒耜於車右與御者之間明已勸農非
農者也王既親載耒器置耒應須近王今置耒乃於參御二
人之間不近王者明王之已身但是勸農故載耒耜非實農
人故不近耒器也所以車右衣甲者以人君尊重故使勇士
衣甲居右備非常也云保猶衣者保即襁保保謂小被所以
衣覆小兒故云保猶衣也云帝藉爲天神借民力所治之田
者耕藉所以爲帝藉者舉尊言之故祭義云天子爲藉千畝
以共齊盛又國語云宣王即位不藉千畝虢文公諫曰夫民
之大事在農上帝之粢盛於是乎出是藉田共上帝故云爲
天神借民力所治之田也按此立春後始郊郊之後始耕按
國語先時九日大史告以耕事注先先立春日也謂先立春
之前以耕與此不同者國語告耕在立春之前其實耕時在
立春之後故國語下云先時五日王即齋宮注先耕時也是

耕前五日王即齋宮而齋是知親耕在立春之後也此言天子三推公五推卿諸侯九推按國語王耕一發班三之賈逵注班次也謂公卿大夫也王之下各三其上也王一發公三發卿九發大夫二十七發天子三推公五推卿諸侯九推此是貴賤耕發相三之數也不云士者士賤不與耕也故國語云庶人終於千畝又周禮甸師是下士云帥其屬而耕耨王藉鄭注云庶人謂徒三百人○注既耕至路寢○正義曰按國語耕後宰夫陳饗膳夫贊王王歆大牢是耕後設饗而此云既耕而燕燕飲者饗禮在廟燕禮在寢此云執爵于大寢故知燕也國語云饗者蓋用饗之饌具而行燕禮以勞羣臣按上迎春而反賞公卿大夫於路寢門外正朝此耕藉而反勞羣臣在於路寢不同者爵賞公事與衆共之故在正朝燕勞私禮主於歡心故在路寢

○是月也天氣下降地氣上騰天地和同草木萌動 此陽氣蒸達可耕之候也農書曰土長冒橛陳根可拔耕者急發○上時掌反注土上同萌莫耕反蒸音證又之烝反冒莫報反覆也橛求月反 王命布農事命田舍東郊皆脩封疆審端經術 田謂田畯主農之官也舍東郊順時

氣而居以命其事也封疆田首之分職術周禮作遂夫間有遂遂上有徑遂小溝也步道曰徑今尚書曰分命羲仲宅嵎夷也○疆居良反注皆同徑術古定反注同術依注音遂畯音俊分扶問反嵎音愚 善相丘陵阪險原隰土地所宜五穀所殖以教道民必躬親之 相視也○阪險上音反又蒲版反下許檢反道音導 田事既飭先定準直農乃不惑 說所以命國舍東郊之意也準直謂封疆徑遂也夏小正曰農率均田○飭音勑率所類反

疏 天氣至不惑○正義曰此一節論少陽之月務謂田正其始生故既耕之後當勸農事各依文解之○天氣下降者天地之氣謂之陰陽一年之中或升或降故聖人作象各分爲六爻以象十二月陽氣之升從十一月爲始陽氣漸升陰氣漸下至四月六陽皆升六陰皆伏至五月一陰初升陰氣漸升陽氣漸伏至十月六陰盡升六陽盡伏然則天氣下降地氣上騰五月至十月也地氣下降天氣上騰十一月至四月也今正月云天氣下降地氣上騰者陽氣五月之時爲陰從下起上嚮排陽氣第六陽氣上極反退至十月之時六陽退盡皆伏於下至十一月陽之一爻始動地中

至十二月陽漸升陽尚微未能生物之極正月三陽既上成
爲乾卦乾體在下三陰爲坤坤體在上乾爲天坤爲地今天
居地下故云天氣下降地在天上故云地氣上騰是陽氣五
月初降至正月爲天體而在坤下也十一月一陽初生而上
排陰陰之上六漸退反歸於下至四月陰爻伏盡六陽在上
五月一陰生六月二陰生陰氣尚微成物未具七月三陰生
而成坤體坤體在下三陽爲乾而體在上則是地氣在下天
氣在上故正月爲泰泰通也天地交通七月爲否否塞也言
天地隔塞所以十月云地氣下降天氣上騰者以十月之時
純陰用事地體凝凍寒氣逼物地又在下故云地氣下降於
時六陽從上退盡無復用事天體在上不近於物似若陽歸
於天故云天氣上騰其實十月天氣反歸地下若審察於此
不足可疑而劉洽氾闊皇侃之徒既不審知其理又不能定
其旨趣諠諠撓撓亦無取焉○注此陽至急發○正義曰經
云天氣下降注陽氣蒸達又似陽氣上升者以陽氣從五
月下降至十一月從下初升至正月始成乾體而在三陰之
下故云天氣下降其實於時陽從地中升也引農書曰下者
按漢書藝文志農書有九家百一十四篇神農二十篇野老
十七篇宰氏十七篇董安國十六尹都尉十四趙氏五篇鄭
所引農書勝之十八篇王氏六篇蔡癸一篇鄭所引農書先

師以爲氾勝之書也漢書注氾音汎成帝時爲議郎使教田三
輔也土長。冒橛者謂置橛以候土。土長冒橛陳根朽爛可拔
而去之耕者急速開發其地也○王命至徑術○於是春氣
既和王命羣官分布檢校農之事命遣田畯官舍於郊之上
令農夫皆脩理地之封疆審正田之徑路及田之溝洫故云
審端徑術○注田謂至嵎夷○正義曰知田謂田畯者以經
云命田田是受之人詩云田畯至喜故知田謂田畯云舍東
郊順時氣而居者以其耕作歲時之氣起於東方爲始故令
田畯舍國之東郊以命其事其諸侯都邑田畯各舍國邑之
東郊也云封疆田首之分職者封疆則九夫爲井四井爲邑
各有封境界域部分職掌也云術周禮作遂以田農之事無
稱術者術遂聲相近故疑術爲遂學記云術有序義同於此
云夫間有遂遂上有徑者遂人職文按匠人云廣二尺深二
尺遂小溝也步道曰徑遂人職云徑容牛馬云今尚書曰分
命義仲宅嵎夷者證命田畯舍東郊之事云今尚書者尚書
有古有今壁裏所得膠東庸生所傳者謂之古文尚書晁錯
所受伏生二十九篇夏侯歐陽所傳者謂之今文尚書鄭據
而引之故云今尚書○田事至不惑○作記之人解說天子
所以命田畯舍於東郊者欲明其政理田事若田事既能正
又先定其封疆徑遂以勸農夫農夫知田事先後審疆界畔

域乃不有疑惑○注準直至均田○正義曰準謂輕重平均直謂繩墨得中也封疆有界限徑遂有闊狹皆先平均正直之故云準直謂封疆徑遂云夏小正曰農率均田者夏小正是大戴禮篇也農率則田畯也均田則畬端徑遂也○是月也命樂正入學習舞爲仲春將釋菜乃脩祭典重祭禮歲始省錄○命祀山林川澤犧牲毋用牝爲傷妊生之類○牝頻忍反妊而林而鴆二反○禁止伐木盛德所在毋覆巢毋殺孩蟲胎天飛鳥毋麛毋卵爲傷萌幼之類○覆芳服反孩戶哀反胎吐來反天烏老反麛音迷卵力管反毋聚大衆毋置城郭爲妨農之始揜骼埋胔謂死氣逆生也骨枯曰骼肉腐曰胔○骼江百反胔才賜反蔡云露骨曰骼有肉曰胔胔亦作骴胔扶矩反○是月也不可以稱兵稱兵必天殃逆生氣兵戎不起不可從我始爲客不利主人則可毋變天之道以陰政犯陽毋絕

地之理易剛柔之宜毋亂人之紀仁之時而舉義事疏是月至用牲○

正義曰此一節論此春爲四時之首當脩祀典及祭山川之事各依文解之犧牲毋用牝者以山林川澤其祀旣畢餘月之時牲皆用牝唯此月不用牝故注爲傷妊生之類若天地宗廟大祭之時雖非正月皆不用牝○禁止至之紀○正義曰此一節論時氣之事各依文解之○禁止伐木者禁謂禁其欲伐止謂止其已伐者此伐木在山中或在禁障之處十月許人採取至正月之時禁令止息故王制云草木零落然後入山林詩魚麗傳云草木不折不操斧斤不入山林是也若國家隨時所須以爲材用者雖非冬月亦得取之故山虞有仲冬斬陽木仲夏斬陰木又云邦工入山林而掄材不禁是也其非是所禁之處春秋亦得取之故周禮云春秋之斬木不入禁鄭注斬四野之木可若於正月皆禁之○毋覆至毋卵○此一節論禮法餘月皆無覆巢因初春施生之時故設戒也巢若其夭鳥之巢則覆之故哲蔟氏云掌覆夭鳥之巢此月亦禁之胎謂在腹中未出夭爲生而已出者故魯語云獸長麑夭此飛鳥謂初飛之鳥故注云爲傷萌幼之類麑卵四時皆禁但於此月尤甚若須薦獻亦得取之故王制云韭以卵庖人秋行犢麑是也掩骼埋胔者蜡氏云掌除骴司農

云齒骨之尙有肉者也及禽獸之骨皆是康成不注從司農義也骼言掩骼言埋互言耳○注爲客至呼也○正義曰起兵伐人者謂之客敵來禦捍者謂之主此經云兵戎不合興起之時不可從我而始我爲主人也主人既不先起兵彼來伐我我不得不應故云主則可客既先興兵故云爲客不利毋變至之紀○天有陰陽之道路恐人改變故云毋變天之道地有剛柔之理恐人斷絕故云毋絕地之理人有禮義綱紀恐其迷亂故云毋亂人之紀按易說卦云立天之道曰陰與陽故鄭此注以陰政犯陽說卦云立地之道曰柔與剛故注地理云易剛柔之宜說卦云立人之道曰仁與義春爲仁故注仁之時而舉義事天云道地云理人云紀互辭也○孟春行夏令則雨水不時巳之氣乘之也四月於消息爲乾草木蚤落生日促○蚤音早國時有恐○以火訛相驚○恐丘勇反行秋令則其民大疫申之氣乘之也七月始殺○疫音役猋風暴雨總至正月宿直尾箕箕好風其氣逆也回風爲猋○猋必遙反徐芳遙反本又作飆宿音秀好呼報反藜莠蓬蒿並興生氣亂惡物茂○藜力兮反莠

音酉行冬令則水潦爲敗雪霜大摯首種不入亥之氣乘之也舊說首種謂稷○潦音老摯音至蔡云傷折種章勇反蔡云宿麥

孟春至不入

疏 正義曰從上以來論當月施令之事若施之順時則氣序調釋若施令失所則災害滋興故自此而下論政失致災之事上既云毋變天之道毋絕地之理毋亂人之紀今若施之不失則三才相應以人與天地共相感動故也施令有失三才俱應者則此孟春行夏令雨水不時天也草木早落地也國時有恐人也十二月之節內三才俱應者多就三才俱應之中論天地及人亦先後不遠或先言天者則此孟春行夏令雨水不時是也或先言民者則孟春行秋令其民大疫是也或先言地者則孟春行冬令水潦爲敗是也所以然者爲害重者則在先言之爲害輕者後言之大略於文可以意得次第其輕重無義例也皇氏曲爲別說非經之旨施令失所亦惟有二才應者故仲春行夏令則國乃大旱煖氣早來蟲螟爲害大旱煖氣並爲天災如此之類是也以施令失所惟二才應就二才之中或有天有人無地或有地有人無天隨應則書不爲義例也行令失之於前氣則應之於後至如春夏及秋施令有失氣來爲應惟在當年則孟春行夏令雨水不時草木早落

之類是也若其冬時失令則氣應在於後年故仲冬行秋令則天時雨汁瓜瓠不成行春令蝗蟲爲敗仲冬非瓜瓠不成之時又非蝗蟲爲敗之日是據來年又錄記之入序行令之事各次第先後則有夏有秋有冬孟春舉夏爲始仲春舉秋爲始季春舉冬爲始至於夏時之下則有秋有冬次有來年之春孟夏則舉秋爲始仲夏舉冬爲始季夏舉春爲始以此推例秋冬亦然不能備說也○注已之至爲乾也○正義曰此風雨不時者謂風雨少不得應時所以風雨不應時者以孟春建寅其宿直箕星箕星好風孟春行夏令寅氣不足故風少巳來乘之四月純陽用事純陽來乘故雨少云四月於消息爲乾者陽生爲息陰死爲消十一月至四月爲息言萬物得陽氣蕃息五月至十月爲消言萬物得陰氣消盡凡孟月失令則三時孟月之氣乘之仲月失令則仲月之氣乘之季月失令則季月之氣乘之所以然者以同爲孟仲季氣情相通如其不和則迭相乘入鄭之所注例亦不同或一句之下則云某之氣乘之即此風雨不時一句之下云已之氣乘之或兩句之下則云某之氣乘之故仲春行秋令則其國大水寒氣揔至注酉之氣乘之以二句俱當酉氣故也或有三句之下始云某之氣乘之者故孟春行冬令則水潦爲敗雪霜大摯首種不入注云亥之氣乘之以三句共當亥氣也氣

當則言無義例也凡一句爲一事亦有兩句共爲一事者則孟夏行冬令云後乃大水敗其城郭是也○注火訛相驚○正義曰以巳來乘寅巳爲火故火來也寅爲天漢之津火雖欲來而畏水終竟不來但訛言道火相恐動也注云申之氣乘之七月始殺○正義曰七月建申陰氣始殺殺氣乘寅故人多大疫○注正月至爲猋○正義曰按鄭注洪範中央土氣爲風東方木氣爲雨箕屬東方木木魁土土爲妃尚妃之所好故箕星好風也西方金氣爲陰魁東方木木爲妃畢屬西方尚妃之所好故好雨也今申氣乘寅兩相衝破申來逆寅寅爲風風之被逆故爲猋風寅往破申申爲雨雨之被逆故爲暴雨也按爾雅扶搖謂之猋謂風之迴轉也故云迴風爲猋○注生氣亂惡物茂○正義曰惡物所以害生氣今生氣既亂惡物乘之故惡物茂○注首種謂稷○正義曰按考靈耀云日中星鳥可以種稷則百穀之內稷先種故云首種首即先也種在百穀之先也

附釋音禮記注疏卷第十四

盧氏宣旬校

清嘉慶二十年重栞宋本十三經欒藏本校

江西南昌府學栞

禮記注疏卷十四挍勘記　阮元撰盧宣旬摘錄

附釋音禮記注疏卷第十四　惠棟挍宋本禮記正義卷第二十一

月令第六　案此本卷首標題如第一卷首標題之失移鄭氏注三字在前又脫去禮記二字十五卷至十九卷盡然石經月令以御刪定升爲卷第一削去禮記鄭氏注五字而別標李林甫等銜名與序不可爲典要也

以其記十二月政之所行也　閩監毛本記作紀衞氏集說同

以禮家好事抄合之　惠棟挍宋本同閩監毛本禮家二字倒衞氏集說亦作禮家

集諸儒士著爲十二月紀　惠棟挍宋本同閩監毛本士誤所衞氏集說同

十月爲授朔　惠棟挍宋本同衞氏集說同閩監毛本授誤受

皆爲氣形之始也　閩監本同考文引宋板同毛本始誤氣

楊雄桓譚　閩監本同毛本楊作揚○按當作楊从木不从扌

天如彈丸圍圜 閩監毛本作圜衛氏集說同此本圜誤圍

此爲二十八宿周回直徑之數也 閩監本同毛本爲誤圍惠棟按宋本回作迴衛氏集說同

秋冬放此可知 閩監毛本作放此本放誤故

日體在角星之西 閩監毛本作星此本星誤犀

此皆厤乖違 閩監毛本作違此本違誤遠

鄭無指解 閩監毛本作指衛氏集說同此本指誤栺

故具言之耳 惠棟按宋本作具衛氏集說同此本具誤其閩監毛本同

正月假上八萬里 閩監毛本作月衛氏集說同此本月誤日

以天去地十五萬三千五百里 惠棟按宋本作九此本九作五閩監毛本同衛

氏集說同

委曲俱見考靈耀注惠棟挍宋本作見衞氏集說同此本見誤其閩本同監毛本見作具

自五日至八日閩監毛本作自此本自誤日

行次疾日行十三度餘惠棟挍宋本作三衞氏集說同此本三誤二閩監毛本同

今四百九十九分閩監毛本如此衞氏集說同此本上九字誤女

初危十六度惠棟挍宋本有度字衞氏集說同此本度字脫閩監毛本同

終於張十六度惠棟挍宋本有於字衞氏集說同此本於字脫閩監毛本同

天顯也惠棟挍宋本有天字此本天字闕閩監毛本同

星精陽之榮也閩監毛本同浦鏜挍云陽精字誤倒案爾雅疏亦作陽精

或後人更有增是閩監毛本同浦鏜從爾雅疏挍是改足

孟春之月節

日月會於諏訾 閩監毛本同岳本同嘉靖本同衞氏集說諏作娵娵釋文出於陬云本又作娵案正義皆作娵

孟春至尾中 惠棟挍宋本無此五字

但有一月之内 閩監毛本同衞氏集說有作在

前星以過於午 惠棟挍宋本同閩監毛本以作巳衞氏集說同

明者昏早見而旦晚沒 閩監本同衞氏集說同毛本晚誤暗

禮緯爲庶長稱孟 閩監毛本同盧文弨挍云爲當作謂下亦爲之庶長同

月不可分日 閩監毛本同衞氏集說同惠棟挍宋本月作日

合兩半而成一日 閩監毛本作一衞氏集說同此本一誤二

則是每辰有三十度惠棟按宋本作三衞氏集說同此本三誤二閩監毛本同

斗謂北斗閩監毛本作北此本誤此

昧稷於赤閩本同監毛本稷作畟惠棟按宋本稷作稷按漢書作稷

其日甲乙節

君統臣功也閩監毛本同岳本同嘉靖本同衞氏集說同正義曰君統臣功也者又曰俗本云君統臣功定本云君統功無臣字義俱通也是正義本從俗本也

其日甲乙惠棟按宋本無此四字

云月爲之佐者惠棟按宋本作爲之衞氏集說同此本爲之二字倒閩監毛本同

則應孟春爲甲惠棟按宋本有爲字此本爲字脫閩監毛本同

今三春總云甲乙者閩本同惠棟按宋本同監本三字殘缺毛本三字闕

義俱通也 閩監毛本作俱此本俱誤其

其帝大皞節

其帝大皞 衞氏集說同石經皞作暤岳本同閩監毛本作皡嘉靖本同注疏放此

此蒼精之君 閩監毛本同岳本同嘉靖本同衞氏集說同惠棟挍宋本宋監本蒼作倉

自古以來 閩監毛本作自岳本同嘉靖本同衞氏集說同此本自誤官

其帝至句芒 惠棟挍宋本無此五字

然後列昆蟲之別 惠棟挍宋本作別衞氏集說同此本別誤列閩監毛本同

音聲可以彰 閩監毛本同惠棟挍宋本音作均彰作章衞氏集說章字同

木德之君 閩監毛本作木此本木誤不

大皞言帝 閩監毛本作帝此本帝誤宿

句芒有主木之功閩本同考文引宋板同監毛本主作生衞氏集說同案上云句芒者主木之官此作主字不誤

故天下號曰庖犧氏閩監毛本作天此本天誤夫

又帝王世紀云惠棟挍宋本作王此本王誤主閩監毛本同

或作密戲氏者惠棟挍宋本作密此本密誤宓閩監毛本同

當亼下著必惠棟挍宋本作亼此本亼誤山閩監毛本同衞氏集說同

該爲蓐收閩監毛本作蓐衞氏集說同此本蓐誤犁

自顓頊以來天下之號閩監毛本同考文引宋板下作子是也

雖以地爲號閩監毛本同惠棟挍宋本地上有其字

其蟲鱗節惠棟挍云其蟲節宋本分本句爲一節其音角另爲一節

春氣和則角聲調閩監毛本作調岳本同嘉靖本同衞氏集說同此本調誤謂

其音角惠棟按宋本無此三字

生於黃鍾律之九寸爲宮惠棟按宋本有於字衞氏集說同此本於字脫閩毛本同監本鍾作鐘

於弦則九九八十一絲也監毛本作弦衞氏集說同閩本作絃此本弦誤管

物成熟可章度也閩監毛本同衞氏集說同惠棟按宋本熟作孰浦鏜云漢志作孰古熟字○按曹憲云玉篇始有熟字

所以黃鍾在子閩本同衞氏集說同監毛本鍾作鐘下黃鍾含藏陽氣同

律中大蔟節

林鍾之所生閩本同岳本同嘉靖本同衞氏集說同監毛本鍾作鐘疏中鍾字放此

木之臭味也惠棟挍宋本同宋監本同岳本同嘉靖本同閩監毛本臭味二字倒衞氏集說同

奠于主北閩監毛本作北岳本同衞氏集說同此本北誤比嘉靖本同

略如祭宗廟之儀惠棟挍宋本同岳本同嘉靖本同衞氏集說同閩監毛本如誤于宋監本祭作察非

律中大蔟惠棟挍宋本無此四字

必在於其此者閩監毛本並同衞氏集說無其字

以聽鳳凰之鳴閩監毛本同衞氏集說同惠棟挍宋本凰作皇○按皇凰正俗字

姑洗洗之言絜也閩監毛本作姑此本姑誤沽下洗物姑絜旅助姑洗上生姑洗姑洗又下生姑洗長七寸皆同

著於其中閩監毛本作著此本著作署非也

位在午。按在當作於與上下文同上文位在在於丑在字亦誤衍

使長大茂盛也閩本同惠棟按宋本同監毛本茂作楙按漢志作楙

則以陰陽六體爲黃鍾初九也閩監毛本同衞氏集說爲下有之字

其實一籥閩監毛本同惠棟按宋本籥作龠衞氏集說同。按作龠是也从竹者非管龠字

上生者三分益一監毛本有上字衞氏集說同此本上字脫閩本同

量者籥合升斗斛閩本同惠棟按宋本監毛本籥作龠下黃鍾之籥同

而五量如之閩監毛本如作加按漢志作而五量嘉矣

戶閉塗疊必周密閩監毛本作閉此本閉誤閑浦鏜挍疊改釁是也

以木爲按閩監毛本按作案是也下一按同

於室中四時位上埋之地惠棟按宋本作地此本地作取屬下讀閩監毛本同衞氏

集説同

形則有彼此之殊又爲月 閩監毛本作月此本月誤日

所以二十五者 閩監毛本如此此本五下誤空

所以木味酸 閩監毛本同考文引宋板酸下有者字衞氏集説同

焦之氣味 閩監本同毛本焦作火考文引宋板亦作焦衞氏集説同

在口則辛 閩監毛本作口此本口誤日

作譴誥者爾 惠棟按宋本誥作告閩監毛本誥作詰○按作告與祭法注合

所以春位當脾者 惠棟按宋本同衞氏集説同閩監毛本春位作立春非

雌立南首 閩本同惠棟按宋本同監毛本立誤位衞氏集説同

今文尚書歐陽説 閩監本同毛本歐誤毆按惠棟云歐陽之説本諸内經

許愼按月令　閩監毛本同惠棟挍宋本按上有謹字

雖廟室廟門有别　閩監毛本同衞氏集說同浦鏜從續通解挍廟室下補廟堂二字

故宫正注云　惠棟挍宋本作注衞氏集說同此本注誤法閩監毛本同

則是祀官　閩監毛本祀作祝衞氏集說同

祭戸所以先設席於奧　閩監毛本作於衞氏集說同此本於誤度

中閒設主祭黍祭肉　閩監毛本同衞氏集說同浦鏜挍祭肉下增祭醴二字盧文弨挍云祭醴挍注當有

東風解凍節

魚上冰　毛本同石經同岳本同嘉靖本同衞氏集說同閩監本冰作氷注疏放此

記時候凡有五句　惠棟挍宋本作凡此本凡誤大閩監毛本同

正月啓蟄即驚也閩監毛本同惠棟挍宋本蟄下又有啓字

穀雨爲三月中閩監毛本作三此本三誤二

言雪散爲雨水也閩監毛本作水此本水誤東

謂暑既將退伏而潛處惠棟挍宋本同衞氏集説潛字同無既字閩監毛本潛誤漸

謂之寒露惠棟挍宋本閩監毛本露下有者字

每氣中半分之爲四十八氣惠棟挍宋本毛本衞氏集説並同閩監本四誤二下四十八箭同

氣間五日有餘閩監毛本作日此本日誤大

條風即東風也閩監毛本如此衞氏集説同此本條風誤也凋

月初雨水也閩監毛本如此此本水誤於

鴻字皆爲候也　惠棟按宋本此下標禮記正義卷第二十一終記云凡二十頁

天子居青陽左个節　惠棟按宋本自此節起至仲春行秋令節止爲第二十二卷卷首題禮記正義卷第二十二

駕倉龍　閩監毛本同岳本同嘉靖本同衛氏集說同石經倉作蒼下倉玉同

其器疏以達　閩監毛本同石經同岳本同嘉靖本同衛氏集說同釋文出其噐云本又作器同案玉篇引作其器⿰歹延以達

有鸞和之節而飾之以青　閩監毛本如此宋監本同岳本同嘉靖本同衛氏集說同此本鸞誤故飾誤節

凡所服玉　閩監毛本作玉岳本同嘉靖本同衛氏集說同此本玉誤王

及所珮者之衡璜也　岳本同嘉靖本同宋監本閩監毛本珮作佩衛氏集說同案此本正義亦

皆作佩○按佩正字珮俗作字

天子龍衮以祭閩監毛本同岳本同嘉靖本同衛氏集説同釋文出龍卷云本又作衮○按作卷與玉藻合

與此皆殊閩監本同岳本同嘉靖本同衛氏集説同考文引宋板同毛本與誤於

天子至以達惠棟按宋本無此五字

所建旌旗閩監毛本如此此本旌誤族衛氏集説旗作旂

則知聽朔皆堂閩監毛本作聽衛氏集説同此本聽誤褩

佩玉上有葱衡閩監毛本作上衛氏集説同此本上誤正

以雙璜懸於兩畔繩之下端惠棟按宋本同閩監毛本璜誤衡衛氏集説同

又以牙懸於中繩下端閩監毛本如此衛氏集説同此本牙誤无繩誤繩

稷五穀之長屬土　閩監毛本作稷此本稷誤授

王之不極則有馬禍　閩本同監毛本王作皇衛氏集說同下屬王極同

冬食黍與彘者　閩監毛本如此此本冬誤多彘誤通

明月令所云　惠棟挍宋本作所此本所誤故閩監毛本同

是月也以立春節

天子乃齊　閩監毛本同岳本同嘉靖本同衛氏集說同石經齊作齋釋文出乃齊云本亦作齋卷內放此案正義亦作齋

天子親帥三公九卿　閩監毛本同岳本同嘉靖本同衛氏集說同石經作天子親率公卿案石經此類皆經刪改非原刻如此後月令中如此類不出

還反賞公卿諸侯大夫於朝　閩監毛本同岳本同嘉靖本同衛氏集說同石經反作乃釋文

出還乃陳澔集說本脫諸侯二字石經考文提要云案正義曰孟夏云還乃行賞封諸侯孟秋云還乃賞軍帥武人於朝孟冬云還乃賞死事恤孤寡是四時皆作還乃也後漢書郎顗傳章懷注禮記正月迎春於東還乃賞公卿諸侯大夫於朝是唐初本如此九經古義云呂覽反作乃案穆天子傳云天子還返還返連文月令是也

祭倉帝靈威仰　監本同岳本同嘉靖本同閩毛本倉作蒼衞氏集說同案此本正義亦作蒼

是月至於朝　惠棟挍宋本無此五字

但至立春之時　閩監毛本同惠棟挍宋本時作節

中間小異　閩監本同。毛本小誤水考文引宋板作小

周法四時迎氣　閩監毛本同衞氏集說同考文引宋板四作五盧文弨挍云通考祀五帝篇引此亦作五

揔三百六十五日四分之一　閩監毛本同惠棟挍宋本分下有日字

饗帝於郊而風雨寒暑時閩監毛本同惠棟挍宋本雨下有節字衞氏集說同案此句下申云是人帝何能使風雨寒暑得時但申時不申節是此句中無節字也

則靈威仰之盛德也惠棟挍宋本同閩監毛本盛誤靈衞氏集說亦作盛

命相布德和令節

毋有不當閩監毛本同岳本同嘉靖本同衞氏集說同石經毋作無釋文出毋有云本亦作無○按石經作無是據釋文亦作之本也

命相至不當惠棟挍宋本無此五字

乃命大史節

乃命至爲常惠棟挍宋本無此五字

日月五星並逆行天右行閩監本同考文引宋板同毛本右誤左盧文弨挍云逆下

行字當誤衍

若其推步不明算厤失所　惠棟按宋本作算衞氏集說同此本算誤等閩監毛本同

是月也天子乃以元日節

大微之帝也　岳本同嘉靖本同惠棟按宋本同閩監毛本大作太衞氏集說同

措之于參保介之御間　閩監毛本同岳本同嘉靖本同衞氏集說同段玉裁按依正義本作御之是也呂覽于參作參于

躬耕帝藉　宋監本同岳本同嘉靖本同惠棟按宋本同衞氏集說同閩監毛本藉誤籍釋文出帝藉云在亦反石經字亦作藉注放此

蓋郊後吉辰也　閩監毛本同嘉靖本同衞氏集說同惠棟按宋本辰作亥岳本同考文引古本同岳本禮記考證云吉亥猶詩云吉日維戊疏以陰陽式法亥爲天故耕用亥日皇氏云正月建寅日月會辰在亥故耕

用亥其明證也本改作吉辰反失其義

耒耜之上曲也　閩毛本同監本同嘉靖本同衞氏集說同段玉裁挍本云蜀大字本耜作耕是也監本誤作耜之上曲也

是月至勞酒　惠棟挍宋本無此五字

含樞紐　惠棟挍宋本作紐衞氏集說同此本紐誤紀閩監毛本同

皆是主參乘　閩監本同毛本主誤王衞氏集說亦作主無是字

王之下各三其上也　監毛本作王衞氏集說同此本王誤三閩本同

是月也天氣下降節

土長冒橛　閩監毛本同岳本同嘉靖本同衞氏集說同釋文出氣上云時掌反注土上同是釋文本作土上正義本作土長也考文引古本足利本長作上同釋文本也

審端經術 閩監毛本經作徑岳本同嘉靖本同衞氏集說同釋文出經術云古定反注同呂覽亦作經此本注疏俱作經

相視也 惠棟挍宋本作也岳本同嘉靖本同衞氏集說同此本也誤之閩監毛本同

說所以命田舍東郊之意也 惠棟挍宋本作田宋監本同岳本同嘉靖本同衞氏集說同此本田誤國閩監毛本同

天氣至不惑 惠棟挍宋本無此五字

而劉洽汜閣皇侃之徒 閩監毛本作洽此本洽誤佮案汜當作氾惟監本不誤

以陽氣從五月下降 惠棟挍宋本如此此本陽下誤衍一○閩監毛本○改之亦非

鄭所引農書勝之十八篇 閩監毛本同浦鏜挍云鄭所引農書五字當衍文勝之上當脫氾字○按浦鏜是也

漢書注氾音汎監毛本如此此本音汎細書作氾瀦閩本同考文引宋板同

成帝時爲侍郎閩監毛本同浦鏜挍侍改議○按浦鏜是也作侍與漢書注不合

謂置橛以候土監毛本作土此本土誤上閩本同

可拔而去之閩監毛本作去此本去誤云

命遣田畯官舍於郊之上閩監毛本同惠棟挍宋本官上有之字是也

審正田之徑路閩監毛本作審此本審誤容

以田農之事無稱術者閩監毛本作田此本誤肉

膠東庸生所傳者閩監本同考文引宋板同毛本傳誤復

欲明其政理田事惠棟挍宋本作理此本理誤謂閩監毛本同

是月也命樂正節惠棟挍云是月節宋本分禁止伐木以下另爲一節案此本禁止伐

本上有○是月也不可以稱兵上有○嘉靖本同閩監毛本去二○

乃脩祭典閩監本同岳本同衛氏集說同毛本脩作修嘉靖本同石經同

歲始省錄也惠棟挍宋本有也字宋監本同岳本同衛氏集說同此本也字脫閩監毛本同嘉靖本同考文云古本也作之

盛德所在閩監毛本同岳本同嘉靖本同衛氏集說同考文引宋板盛作威盧文弨挍云威字非

掩骼埋胔閩監毛本同岳本同嘉靖本同衛氏集說同石經同釋文出埋胔云胔本亦作骴洪頤煊云按說文云鳥獸殘骨曰骴從骨此聲明堂月令曰掩骼埋骴周禮蜡氏注引此亦作骴呂氏春秋作髊高誘注云髊讀如水漬物之漬白骨曰骼有肉曰髊髊骴古同聲通用○按胔髊皆骴字之或體釋文云本亦作骴是正字說詳段玉裁說文注

謂死氣逆生也閩監毛本同嘉靖本同岳本謂作爲衛氏集說同考文引宋板古本足利本同

稱兵必天殃閩監毛本同岳本同嘉靖本同衛氏集說同石經必下有有字考文引古本足利本同呂覽同

主人則可 閩監毛本作主岳本同嘉靖本同衞氏集說同此本主誤至

是月至用牝 惠棟挍宋本無此五字

若天地宗廟 惠棟挍宋本作若此本若誤者閩監毛本同衞氏集說亦作若

禁止至之紀 閩監毛本同盧文弨挍云疏當分屬禁止五字例不標

若國家隨時所須 監毛本作家衞氏集說同此本家誤寧閩本同

巢若其天鳥之巢則覆之 閩監毛本作若此本若誤居

天爲生而已出者 惠棟挍宋本作出衞氏集說同此本出誤生閩監毛本同

故曾語云 閩監毛本作語此本語誤逗

故云無變天之道 閩監毛本作云此本云誤四

春爲仁 閩監毛本作春此本春誤者

孟春行夏令節

則雨水不時 閩監毛本同岳本同嘉靖本同衛氏集說同石經同案呂覽雨水作風雨此正義前既云雨水不時後又云此風雨不時者亦岐出

四月於消息爲乾 閩監毛本作消岳本同嘉靖本同衛氏集說同此本消誤時

孟春至不入 惠棟挍宋本無此五字

並爲天灾 惠棟挍宋本作灾閩監毛本灾作災此本灾誤炎

巳之至爲乾也 閩本同監毛本無也字與注合

寅爲天漢之津 毛本如此衛氏集說同此本津誤律閩本同監本天津誤大律

正月至爲焱 閩監毛本焱作猋是也下焱風謂之焱爲焱皆同

尚妃之所好故好雨也 惠棟挍宋本作妃此本妃誤妻閩監毛本同衛氏集說同又監

本故字滮滅

惡物乘之 閩監本同考文引宋板同毛本乘誤成

禮記注疏卷十四挍勘記

附釋音禮記注疏卷第十五

禮記　鄭氏注　孔穎達疏

月令

仲春之月日在奎昏弧中旦建星中仲中也仲春者日月會於降婁而斗建卯之辰也弧在輿鬼南建星在斗上○奎苦圭反弧音胡降戶江反

疏仲春至星中○正義曰按三統厤云二月節日在奎五度昏井二十二度中去日九十七度旦斗十五度中春分日在婁四度昏柳五度中去日一百二度旦斗十六度中按元嘉厤二月節日在壁一度昏井十度中旦箕四度中春分日在奎七度昏東井三十度中旦斗四度中餘月昏旦中星皆舉二十八宿此昏云弧中旦云建星中獨非二十八宿者以弧星近井建星近斗以井斗度多其星體廣不可的指昏旦之中故舉弧建定其昏旦之中也○注日月至之辰○正義曰從奎五度至胃六度在戌總曰降婁降降也婁斂也言萬物降落而收斂而斗建郊之辰者斗星隨天而轉一日一夜過轉一周而行一度故正

月建寅二月建卯也云弧在與鬼南建星在斗上者熊氏說云石氏星經文弧與建星非二十八宿而昏明舉之者由弧星近井建星近斗井斗有三十三度斗有二十六度其度既寬若舉井斗不知何日的至井斗之中故舉弧星建星也然春分之時日夜中計春分昏中之星去日九十一度今日在奎五度奎與鬼之初乃一百九度所以不同者鄭雖云弧在鬼南其實仍當井之初分域故皇氏云從奎第五度爲二月節數至井第十五度得九十一度是弧星當井之十六度也若從井星十六度至斗之初一百七十二度計昏中星與明中之星春秋分時相去分天之半應一百八十二度餘但日入以後二刻半始昏不盡二刻半爲明昏明相去少晝五刻一刻有三度半強五刻有十七度餘則昏之中星去明之中星一百六十五度餘則建星不得在斗初在斗十度也此仲春之月昏弧中按尚書云日中星鳥不同者如鄭康成之意南方七宿總爲鳥星井星則鳥星之分故云星鳥與此同也按仲夏昏亢中尚書云日永星火不同者按鄭荅孫顥云星火非謂心星也卯之三十度總爲大火其曰大火之次有星者月令舉其月初尚書總舉一月故不同也按仲秋之月昏牽牛中尚書云宵中星虛其仲冬之月云東壁中尚書云日短星昴不同者亦是月令舉其初朔尚書總舉一月之中理亦不

異孔安國注尚書與此則別尚書所舉星者自取畢見之義不謂南方之中其日甲乙其帝大皞其神句芒其蟲鱗其音角律中夾鍾。其數八其味酸其臭羶其祀戶祭先脾夾鍾者夷則之所生三分益一律長七寸二千一百八十七分寸之千七十五仲春氣至則夾鍾之律應周語曰夾鍾出四隙之細。夾古洽反一音頰隙去逆反

（疏）注夾鍾至之細。正義曰夷則長五寸七百二十九分寸之四百五十一今上生夾鍾當三分益一就夷則五寸之中取三寸更益一寸爲四寸餘有整二寸又於七百二十九分寸之中有細分四百五十一此細分各三分之於是一寸分爲二千一百八十七分有四百五十一者爲一千三百五十三則是二千一百八十七分寸之一千三百五十三也以整二寸各二千一百八十七分則二寸總有四千三百七十四分益前一千三百五十三總爲五千七百二十七爲實數但上生者三分益一以實數更三分之各有一千九百九分以三分益一則益一分一千九百九併前五千七百二十七總爲七千六百三十六爲積分總數也然後除之爲寸一寸用二千一百八十七則三寸總用

六千五百六十一以三寸益前四寸爲七寸餘有一千七十
五分不成寸是爲夾鍾長七寸二千一百八十七分寸之千
七十五也云周語曰夾鍾出四隙之細者周語注夾鍾云夾
助陽四隙謂黄鍾大呂大蔟夾鍾凡助出四隙之微氣令不
滯伏於下也○**始雨水桃始華倉庚鳴鷹化爲鳩**皆記
時候也倉庚驪黄也鳩搏穀也漢始以雨水爲二月節○倉庚並如字本或加鳥非驪力知反搏音博（疏）始雨
至爲鳩○正義曰此一經記候○注皆記至月節○正義曰
言皆記時候者謂經中四事言之先後逐氣之早晚故周書
時訓驚蟄之日桃始華又五日倉庚鳴又五日鷹化爲鳩至
秋則鳩化爲鷹故王制云鳩化爲鷹然後設罻羅司裘注中
秋鳩化爲鷹夏小正云正月鷹化爲鳩五月鳩化爲鷹鄭無
所言則不信用也按通卦驗云倉庚爲正月中與此不同者
蓋是國土各異氣有早晚云倉庚驪黄者按釋鳥云倉庚商
庚郭景純云即鵹黄也釋鳥又云鵹黄楚雀某氏云鵹黄一
名倉庚又云商庚李巡云一名楚雀方言云齊人謂之搏黍
云鳩搏穀者釋鳥云鳴鳩鴶鵴郭景純云今之布穀也謝氏
云布穀者近之彼云布此云搏者布搏聲相近謂之搏穀以
聲呼之或以爲此鳥鳴布種其穀云漢始以雨水爲二月節

者證此雨水爲二月節也但雨水驚蟄據其早作在正月若其晚在二月故漢初驚蟄爲正月中雨水爲二月節至在後以來事稍變改故律厤志云雨水爲正月中驚蟄爲二月節由氣有參差故也○天子居青陽大廟乘鸞路駕倉龍載青旂衣青衣服倉玉食麥與羊其器疏以達青陽大廟東堂當大室○是月也安萌牙養幼少存諸孤助生氣也○少詩召反擇元日命民社社后土也使民祀焉神其農業也祀社日用甲命有司省囹圄去桎梏毋肆掠止獄訟順陽寬也省減也囹圄所以禁守繫者若今別獄矣桎梏今械也在手曰梏在足曰桎肆謂死刑暴尸也周禮曰肆之三日掠謂捶治人○省所景反注同徐所幸反囹音零圄魚呂反囹圄今之獄去羌呂反桎音質今之械也梏古毒反今之扭也掠音亮考捶械戶戒反暴步卜反捶之橤反○疏是月至獄訟○正義曰此一節論助其生氣止其獄刑自玄鳥至之日至高禖之前論天子親祭高禖妃嬪從行之事故更云是月也自

日夜分至正權概論日夜既分雷聲將發婦人須戒其容止度量須審正平均故更云是月自耕者少舍至以妨農事論耕者少舍脩理門閭無爲大事以致妨農故更云是月自毋竭川澤云順陽養物至開冰釋菜習舞入學習樂揔是助陽鼓動其物故更云是月自祀不用犧牲以下論季春犧牲騰合與上事殊故別云是月各依文解之○注社后至用甲○正義曰后土者五官之后土即社神也與左傳僖十五年云君履后土者別也但句龍爲配社之人又爲后土之官也云祀社日用甲者解經元日也按郊特牲云祀社日用甲用日之始也召誥戊午乃社于新邑用戊者周公告營洛邑位成非常祭也○注囹圄至治人○正義曰云囹圄所以禁守繫者若今別獄矣者蔡云囹牢也圄止也所以止出入皆罪人所舍也崇精問曰獄周曰圜土殷曰羑里夏曰均臺囹圄何代之獄焦氏荅曰月令秦書則秦獄名也漢曰若盧魏曰司空是也云在手曰梏在足曰桎者按掌四云上罪梏拲而桎拲爲在手梏與拲連文故知梏亦在手則桎在足也易大畜六四童牛之梏冷剛問云牛四足何以稱梏鄭荅云牛無手前足施梏也云肆謂死刑暴尸者肆陳也謂陳尸而暴之故周禮鄉士縣士皆肆之三日然春陽既動理無殺人何得更有死尸而禁其陳肆者蓋是大逆不孝罪甚之徒容得春時

殺之殺則埋之故禁其陳肆

○是月也玄鳥至至之日以大牢祠于高禖天子親往玄鳥燕也燕以施生時來巢人堂宇而孚乳嫁娶之象也媒氏之官以爲候高辛氏之出玄鳥遺卵娀簡吞之而生契後王以爲媒官嘉祥而立其祠焉變媒言禖神之也○禖音梅施始豉反孚乳上如字一音芳付反下而樹反季春同娀簡夙中反簡狄有戎氏女契息列反○疏注高辛至神之

正義曰知玄鳥遺卵娀簡吞之而生契者按殷本紀云簡狄行浴見玄鳥墮其卵簡狄取吞之因孕生契又中候契握云玄鳥翔水遺卵娀簡狄吞之生契契娀者簡狄之國名故大戴禮云有娀氏之女曰簡狄故娀簡狄也云後王以爲禖官嘉祥而立其祠焉者謂高辛氏之世有此吞鳥之異是爲媒官嘉祥後代之王立此高辛而爲禖神故也蔡邕以爲禖神是高辛已前舊有高者尊也謂尊高之禖不由高辛氏而始有高禖又生民及玄鳥毛詩傳云姜嫄從帝而祠于郊禖又云簡狄從帝而祈于郊禖則是姜嫄簡狄之前先有禖神矣而此注立高辛氏爲禖神是高辛氏已前未有禖神參差不同者鄭志焦喬荅王權云先契之時必自有禖氏祓除之祀位在於南郊蓋以玄鳥至之日祀之矣然其禋祀乃於上帝也

娀簡狄吞鳯子之後後王爲媒官嘉祥祀之以配帝謂之高禖據此言之則郊禖之祭契已前祭天南郊以先媒配之故謂之郊禖至高辛氏之時旣簡狄之異後王以是爲媒官之嘉祥即以高辛之君立爲禖神以配天其古昔先媒則廢之矣高辛氏配之後謂之高禖鄭義稷契當堯時按命厤序云帝嚳傳十世則稷契不得爲帝嚳之子是帝嚳後世子孫之子故鄭注生民云姜嫄高辛氏之世妃則簡狄亦高辛氏之後世之妃此立爲禖神者是簡狄之夫不得爲帝嚳此祭高禖是祭天故生民傳云從於帝而見于天高禖爲配祭之人祭天特牲此用大牢者此謂配祭之人也云變媒言禖神之者按周禮媒氏職注媒之言謀也謀合異類使和成者但不知初爲媒者其人是誰按世本及譙周古史伏犧制以儷皮嫁娶之禮旣用之配天其尊貴先媒當是伏犧也媒字從女今從示旁爲之示是神明告示之義故云變媒言禖神之也

后妃帥九嬪御御謂從往侍祠周禮天子有夫人有嬪有世婦有女御獨云帥九嬪舉中言也

乃禮天子所御帶以弓韣授以弓矢于高禖之前天子所御謂今有娠者於祠大祝酌酒飲於高媒之庭以神惠顯之也帶以弓韣授以弓矢求男之祥也

王居明堂禮曰帶以弓韣禮之禖下其子必得天材○韣大木反弓衣娠音身一音震謂懷妊〔疏〕乃禮至之前○正義曰祭高禖既畢祝官乃禮接天子所御幸有娠之人謂酌酒以飲之飲酒既畢乃屬帶此所御之人以弓韣又授之以弓矢於高禖之前而北面也○注天子至天材○正義曰天子所御謂今有娠者若揔論幸御則羣妃皆是何得直云乃禮天子所御故知有娠者漢書音義娠音身也云王居明堂禮者逸禮篇名也云禮之禖下其子必得天材者謂禮此所御之人於禖神之前禖在壇上御者在下故云禖下以祭神必福降故云其子必得天材

○是月也日夜分雷乃發聲始電蟄蟲咸動啓戶始出又記時候發猶出也○電大練反

先雷三日奮木鐸以令兆民曰雷將發聲有不戒其容止者生子不備必有凶災主戒婦人有娠者也容止猶動靜○先悉薦反奮方問反鐸大各反

日夜分則同度量鈞衡石角斗甬正權概因晝夜等而平當平也同角正皆謂

平之也丈尺曰度斗斛曰量三十斤曰鈞稱上曰衡百二十斤曰石甬今斛也稱錘曰權概平斗斛者○度量上音杜下音亮注同甬音勇權概古代反稱尺證反下同錘丈僞反又丈爲反

【疏】日夜至始出○正義曰日夜分謂晝夜漏刻馬融云晝有五十刻夜有五十刻據日出日入爲限蔡邕以爲星見爲夜日入後三刻日出前三刻皆屬晝晝有五十六刻夜有四十四刻鄭康成注尚書云日中星以爲日見之漏五十五刻不見之漏四十五刻與蔡校一刻也大略亦同雷乃發聲者雷是陽氣之聲將上與陰相衝蔡邕云季冬雷在地下則雉應而雊孟春動於地之上則蟄蟲應而振出至此升而動於天之下其聲發揚也以雷出有漸故言乃云始電者電是陽光陽微則光不見此月陽氣漸盛以擊於陰其光乃見故云始電○蟄蟲咸動啓戶始出者戶謂穴也謂發所蟄之穴蟄蟲早者孟春乃出則左傳啓蟄而郊是也蟄蟲晚者則二月始出故此云蟄蟲咸動則正月未皆動重記時候者庾蔚云謂蓋先記時候以明應節後言時候以應二分二至所應不同故重記之也○注主戒至動靜○正義曰以其生子不備必有凶災故知主戒婦人也云容止猶動靜者蔡云迅雷風烈孔子必變玉藻云迅雷甚雨則必變雖夜必興衣服冠而坐所以畏天威也小人不畏天威懈慢褻瀆或至

夫婦交接君子制法不可指斥言之故曰有不戒其容止者言此時夫婦交接生子支節性情必不備其父母必有災也注因晝至斛者○正義曰平當平者謂度量鈞衡之等人之所用當須平均人君於晝夜分等之時而平正此當平之物云同角正皆謂平之者經中度量鈞衡石五者揔豪同文云丈尺曰度斗斛曰量三十斤曰鈞稱上曰衡百二十斤爲石皆漢書律厤志文按志文云黑秬一黍爲一分十分爲一寸十寸爲一尺十尺爲一丈十丈○爲一引五度審矣又云黃鍾之管長九寸圍九寸其實一籥○合籥爲合十合爲升十升爲斗十斗爲斛五量加○矣志又云黃鍾之管一籥容千二百黍重十二銖二十四銖爲兩十六兩爲斤三十斤爲鈞百二十斤爲石志又云權與物鈞而生衡衡運生規規圓生矩矩方生繩繩直生準注權錘也與物正等則衡平是權爲稱錘稱上曰衡甬與斗連文律厤志十斗爲斛故知甬則斛也云槩平斗斛者今之猶然

○是月也耕者少舍乃脩闔扇寢廟畢備舍猶止也因蟄蟲啓戸耕事少間而治門戸也用木曰闔用竹葦曰扇畢猶皆也凡廟前曰廟後曰寢○闔戸臘反間音閑

○毋作大事以妨農之事大事兵役之屬

〔疏〕注用木至

曰寢○正義曰按襄十八年左傳云晉州綽以枚數闔闔是齊城門而云闔是闔用木也此扇與闔相對文又此耕者少舍謂庶人庶人蓽門故以爲竹葦曰扇云凡廟前曰廟後曰寢者廟是接神之處其處尊故在前寢衣冠所藏之處對廟爲卑故在後但廟制有東西廂有序牆寢制惟室而已是故釋宮云室有東西廂曰廟无東西廂有室曰寢是也

是月也毋竭川澤毋漉陂池毋焚山林 順陽養物也畜水曰陂穿地通水曰池○漉音鹿竭也陂池彼宜反尚書傳云澤障曰陂停水曰池畜勑六反○**天子乃鮮羔開冰先薦寢廟** 鮮當爲獻聲之誤也獻羔謂祭司寒也祭司寒而出冰薦於宗廟乃後賦之春秋傳曰古者日在北陸而藏冰西陸朝覿而出之其藏冰也深山窮谷固陰沍寒於是乎取之其出之也朝之祿位賓食喪祭於是乎用之其藏之也黑牡秬黍以饗司寒其出之也桃弧棘矢以除其災其出入也時食肉之祿冰皆與焉大夫命婦喪浴用冰祭寒而藏之獻羔而啓之公始用之火出而畢賦自命夫命婦至于老疾無不受冰○鮮依注音獻靚大歷反沍戶故反朝直遙反秬音巨與音預祭寒本或作祭司寒按左氏傳無司字○〔疏〕注鮮當至受冰

正義曰鮮當爲獻者按詩豳風七月云四之日其蚤獻羔祭
韭故知鮮爲獻也云獻羔謂祭司寒者以經云獻羔啓冰先
薦寢廟恐是獻羔寢廟故云祭司寒左傳直云獻羔而啓之
知祭司寒者以傳云祭寒而藏之旣祭司寒明啓時亦祭之
云薦於宗廟乃後賦之者薦於宗廟謂仲春也乃後賦之謂
孟夏也故凌人云夏頒冰左傳云火出而畢賦是也引春秋
傳曰者昭四年左傳申豐之辭也從古者以至無不受冰皆
左傳文也按昭四年春大雨雹季武子問於申豐申豐對以
此辭云日在北陸者北陸虛也謂十二月日在虛之時而藏
冰云西陸朝覿而出之者西陸昴也鄭康成以爲四月之時
日在昴畢之星朝見東方於時出冰以頒賜百官若其初出
薦廟時在二月是也云固陰沍寒者杜預注沍閉也謂堅固
之陰閉塞不通陽之處於是取之云朝之祿位賓食喪祭於
是乎用之者朝之祿位謂大夫已上故下云命夫命婦無不
受冰是也賓謂接迎賓客食謂尋常飲食喪謂死喪祭謂祭
祀云黑牡秬黍者以其祭水神色尚黑云桃弧棘矢者桃去
不祥棘則刺禦惡云祭寒而藏之者寒謂司寒之神則玄冥
水神也所用黑牡秬黍黑牡則黑羔云獻羔而啓之者獻羔
則黑牡也亦用秬黍啓之謂二月時也故云公始用之云火
出而畢賦者畢盡也謂應是得冰之人無問尊卑盡賦與之

按左傳云火出於夏爲三月於商爲四月於周爲五月則火出季春建辰之月以周禮夏頒冰乃建巳之月不同者但建辰火星在卯火星始出至建巳火星漸高揔而言之亦得稱火出早則三月之末晚則四月之初不甚相遠又三月內有得四月節時故據夏而言之按月令季冬藏冰詩豳風三之日納于淩陰三之日是建寅之月不同者鄭注豳地晚寒所以校。一月也。

○上丁命樂正習舞釋菜樂正樂官之長也命習舞者順萬物始出地鼓舞也將舞必釋菜於先師以禮之夏小正曰丁亥萬舞入學。長丁丈反

天子乃帥三公九卿諸侯大夫親往視之順時達物也。

仲丁又命樂正入學習舞。爲季春將習合樂也習樂者習歌與八音。中丁音仲本亦作仲爲于僞反下注同

【疏】注命習舞至入學。正義曰以春陽旣動萬物出地故王者習舞所以應之故孟春命樂正入學習舞此仲春又。云習舞釋菜皆以陽氣動故此仲春習舞則大胥春入學舍采合舞一也據人所學謂之習舞節奏齊同謂之合舞此亦謂之大合樂故文王世子云凡大合樂注春舍菜合舞秋頒學合聲孟春習之至仲春習而合之自是春秋常所

合樂也非爲季春而習舞也故大胥春合舞秋合聲自是春秋之常事也孟春習舞及仲春習舞及仲丁習樂并季春合樂皆在大學仲春釋菜合舞季春大合樂皆天子親往餘則不也孟夏乃命樂師習合禮樂爲當月飲酎也命樂師者以仲春習舞習樂之時旣命樂正此則稍輕故惟命樂師此習禮樂在學也其事旣輕天子不親往孟夏又云天子飲酎用禮樂鄭注飲之於朝正尊卑是飲酎在朝天子親在不云樂正者文不備也飲酎大禮必樂正在焉熊氏禮本云飲之於廟以爲漢禮獻酎在廟故也若是獻酎祭廟當云天子獻酎不得云飲酎且夏月時祭已用酎也何須別云飲酎故知天子飲酎在朝仲夏云樂師脩鞀鞞爲大雩帝用盛樂故也命樂師者預脩習其事輕其雩帝用樂之時則命樂正天子親往其季夏孟秋仲秋以季夏土王秋又陰始國無大事不用樂也季秋亦得習吹者爲將大享帝也其習吹之時在於學中亦樂師習之但文不備也所以習吹者鄭云春夏重舞秋冬重吹但以重爲主其實春亦有吹秋亦有舞季秋習吹之時天子不親往也按大胥秋須學合聲周禮也月令仲秋無合聲者殷法也故不同或可秋合聲者即此季秋習吹是也孟冬大飲蒸者亦用禮樂也故鄭飲酎之下注云季冬云大飲蒸此言用禮樂互其文明飲蒸亦有禮樂也此飲蒸在大

學也天子親往故鄭引詩云十月滌場躋彼公堂以證之公堂則學校也季冬命樂師大合吹而罷者歲終王與族人燕於大寢其事輕故命樂師知與族人燕者鄭注引王居明堂禮云季冬命國爲酒以合三族故知之也云將舞必釋菜於先師者以經文習舞釋菜文在於後恐習舞釋菜共是一事故云將欲習舞必先釋菜必知然者以釋菜之時不爲舞也故文王世子云釋菜不舞不授器是知釋菜無舞也此云習舞在前釋菜在後向○知不先習舞乃後釋菜必知先有釋菜者以大胥云舍采合舞舍即釋故知釋菜在合舞之前云夏小正○曰丁亥萬用入學者引之證習舞之意謂用此萬舞以入學于舞稱萬萬者何休注公羊云周武王以萬人服天下商頌萬舞有奕蓋殷湯亦以萬人得天下此夏小正是夏時之書亦云萬者其義未聞或以爲禹以萬人以上治水故樂亦稱萬○注爲季至八音○正義曰此習者爲季春合樂預習之故鄭云然上習舞釋菜鄭不云爲季春合樂則仲春合舞自當爲之不爲季春合樂而習也熊氏以爲仲春習舞爲季春合樂者若然鄭何以不言之又大胥無季春合樂何以亦云春舍采合舞熊氏說非也云習歌與八音者以仲春習舞雖不爲季春而發但孟春仲春習舞以久不須更習故知爲習歌與八音歌謂合聲也八音謂樂器響音○是

月也祀不用犧牲用圭璧更皮幣爲季春將選而合騰之也更猶易也當祀者告。以玉帛而已。疏祀不至皮幣。正義曰以季春將騰合牝牲不用殺其犧牲其應祀之時圭璧更易此犧牲非但用圭璧更易又用皮幣以更之故在圭璧皮幣之中上下有也蔡氏云此祀不用犧牲者祈不用犧牲謂祈禱小祀也不用犧牲若大祀則依常法故上云以大牢祠高禖是也。仲春行秋令則其國大水寒氣摠至酉之氣乘之也八月宿直昴畢畢好雨。好呼報反寇戎來征金氣動也畢又爲邊兵。行冬令則陽氣不勝麥乃不熟。子之氣乘之也十一月爲大陰。大音泰民多相掠陰姦衆也行夏令則國乃大旱煖氣早來午之氣乘之也。煖乃緩反又音暄蟲螟爲害暑氣所生爲災害也。螟亡丁反又爾雅云食苗心螟。疏其國至來征。正義曰其國大水則地災也寒氣摠至則天災也寇戎來征則人災也。注畢又爲邊兵。正義曰按元命包云畢七星十六度主邊兵。陽氣至相掠。正義曰陽氣不勝天災麥乃不熟地災民多相掠人災也。國乃。爲害。正義曰國乃大旱煖氣早來天災蟲螟爲害地災行令失所人災之應故無其災也

季春之月日在胃昏七星中旦牽牛中季少也季春者日月會於大梁而斗建辰之辰。胃音謂少詩召反【疏】季春至牛中。正義曰按三統厤云三月之節日在胃七度昏張二度中去日一百七度旦斗二十六度。中清明日在昴八度昏翼四度中去日一百一十一度旦女三度中按元嘉厤三月節日在婁六度昏柳十二度中旦斗十四度中。三月中日在胃九度。凡三十度日月行一會凡三十度故三月日在胃七度律厤志又云大梁初日在胃七度是也昏七星中者按律厤志云胃十四度昴十一度畢十六度觜二度參九度井三十三度鬼四度柳十五度七星七度從胃七度至七星之初度有九十九度以日漸長日沒之時稍在西北去七星之初九十八度故昏時七星在南方之中旦牽牛中者從七星之初至牽牛之初其日甲乙

其帝大皞其神句芒其蟲鱗其音角律中姑

洗其數八其味酸其臭羶其祀戶祭先脾姑洗
者南呂之所生也三分益一律長七寸九分寸之一季春氣
至則姑洗之律應周語曰姑洗所以脩絜百物考神納賓○
洗素典反疏注姑洗至納賓○正義曰南呂六二上生姑洗之
九三南呂長五寸三分寸之一就南呂三分益一
取三寸益一寸爲四寸餘有整二寸三分寸之一整二寸者
各九分之二九爲十八分寸之一者爲三分揔二十一分三
七二十一三分益一更益七分揔二十八分以九分爲一寸
二十七分爲三寸益前四寸爲七寸餘有一分在故云律長
七寸九分寸之一云周語曰至納賓證姑洗之義云脩絜百
物考神納賓者按國語注云是月之物脩絜故用之宗廟致
神納賓

○桐始華田鼠化爲鴽。虹始見萍。始生皆記時候

也鴽母無螮蝀謂之虹蓱萍也其大者曰蘋○鴽音如母無
也蔡云鶉鴾之屬虹音紅又音絳螮蝀也見賢遍反蓱步丁
反水上浮萍也母無上音牟又如字蝃本又作螮丁計
反亦作蝃同蝀本亦作東同丁孔反萍音平蘋毗人反疏
注皆記至曰蘋○正義曰鴽母無爾雅釋鳥文某氏云謂鶉
也李巡云鴽鶉一名牟母郭景純云鶉也青州呼鴾母舍人

云毋作無今此注毋無毋當作牟謂牟無也聲轉字誤牟字作毋云蝃蝀謂之虹者爾雅釋天文郭氏云雄者曰虹雌者曰蜺雄謂明盛者雌謂闇微者虹是陰陽交會之氣純陰純陽則虹不見若雲薄漏日日照雨滴則虹生云蓱萍其大者曰蘋爾雅釋草文郭景純云水中浮蓱也江東謂之薸舍人云蓱一名萍大者名蘋凡云化者若鼠化爲鴽鴽還化爲鼠皇氏云反歸舊形謂之化按易乾道變化謂先有舊形漸漸改者謂之變雖有舊形忽改者謂之化及本無舊形非類而改亦謂之化故鄭注周禮云能生非類曰化也○天子居青陽右个乘鸞路駕倉龍載青旂衣青衣服倉玉食麥與羊其器疏以達青陽右个東堂南偏○是月也天子乃薦鞠衣于先帝爲將蠶求福祥之助也鞠衣黃桑之服先帝大皞之屬○鞠居六反如菊華也又去六反如麴塵爲于僞反下文乃爲注爲鳥同○命舟牧覆舟五覆五反乃告舟備具于天子焉舟牧主舟之官也覆反舟者備傾側也○覆芳服反下及注同天

子始乘舟薦鮪于寢廟進時美物鮪于軌反○乃爲麥祈實於含秀求其成也不言所祈承寢廟可知【疏】是月至先帝○正義曰從此以下至爲麥祈實論薦衣告帝薦鮪於寢廟舟牧告舟論所告之事故言是月從生氣方盛至禮賢者論陽氣將盛振恤貧窮勉勸諸侯禮聘賢者皆是助陽宣發之事故云是月也自命司空以下論時雨將降道達溝瀆又禁斷羅翳以助時生乳之事事別於上故更云是月自命野虞至無有敢惰論養蠶之事事別於上故云是月也自命工師以下至以蕩上心論工師之官不得爲淫巧之作事異於上故更云是月自擇吉日至親往視之論天子合樂之事事異於上故更言是月也以其月末爲之故變云是月之末自乃合累牛騰馬至以畢春氣論牛馬犧牲含育之事并磔攘九門事雖異於牛馬難事既輕不可別言是月也故繫之牛馬犧牲揔異於上故更云是月也○注爲將至之屬○正義曰依禮祭五帝自服大裘今薦鞠衣與桑同色蓋薦於神坐故知爲蠶求福云鞠衣黃桑之服者鄭注內司服云鞠衣黃桑服也色如鞠塵象桑葉始生菊者草名花色黃故季秋之月云菊有黃華是鞠衣黃也與桑同色又當桑生之時故云黃桑之服也云先帝大皞之屬者以其言先不

言上故知非天唯大皞之屬春時惟祭大皞云之屬者以蠻
功既大非獨祭大皞故何胤云揔祭五方之帝其所祭之處
王權賀瑒熊氏等並以爲在明堂以大皞祭在明堂故也○
薦鮪於寢廟○正義曰按爾雅釋魚云鮥鮛○郭景純云似鱣
而小建平人呼鮥子一本云王鮪似鱣口在頷下音
義云大者爲王鮪小者爲鮛鮪似鱣長鼻體無鱗甲 ○是
月也生氣方盛陽氣發泄。句者畢出萌者盡
達不可以內 時可宣出不可收斂也句屈生者芒而直曰萌○泄息列反句古侯反○ 天
子布德行惠命有司發倉廩賜貧窮振乏絶
振猶救也廩力甚反○開府庫出幣帛周天下勉諸侯聘
名士禮賢者 周謂給不足也勉猶勸也聘問也名士不仕者 疏 不可以內○正義曰以物
遂○散之時當順天散物不可積聚納之在內也○發倉至乏
絶○正義曰蔡氏云穀藏曰倉米藏曰廩無財曰貧無親曰
窮暫無曰乏不續曰絶皇氏云長無謂之貧窮暫無謂之乏
絶○勉諸至賢者○正義曰謂王者勉勸此諸侯令聘問有

名之士禮接德行之賢蔡氏云名士者謂其德行貞絕道術通明王者不得臣而隱居不在位者也賢者名士之次亦隱者也名士優故加束帛賢者禮之而已○是月也命司空曰時雨將降下水上騰循行國邑周視原野修利隄防道達溝瀆開通道路毋有障塞廣平曰原國也邑也平野也溝瀆與道路皆不得不通所以除水潦便民事也古者溝上有路○上時掌反下注以上同行下孟反隄丁兮反防音房道音導障之亮反又音章便婢面反田獵罝罘羅罔畢翳餧獸之藥毋出九門為鳥獸方孚乳傷之逆天時也獸罟曰罝罘鳥罟曰羅罔小而柄長謂之畢翳射者所以自隱也凡諸罟及毒藥禁其出九門明其常有時不得用耳天子九門者路門也應門也雉門也庫門也臯門也城門也近郊門也遠郊門也關門也今月令無罘翳為弋○罝子斜反罘音浮翳於計反餧於偽反罟音古弋羊職反【疏】注廣平至有路○正義曰廣平曰原爾雅釋地文云國也邑也平野也溝瀆與道路皆不得不通者言國也解經中國邑也解經

中邑平野也解經中原野以其各是一物故每以野結之溝瀆道路各兩事共爲一句故云溝瀆與道路揔結之不云隄防者以云不得不通隄防非可通之物故鄭不言之云古者溝上有路者此既爲兩決水而云開通道路恐道路非決之物故云溝上有路言道達溝瀆之時須脩此溝上道路按周禮遂人職云溝上有畛川上有路此言溝上有路者是道路之揔名與彼別也○毋出九門○正義曰謂此月非田獵之時其罝罘羅網畢翳之器及餧獸之藥毋得出於九門若路門內有者不得出路門應門內有者不得出應門舉此可知城門內有者不得出城門既不得出城門則近郊之內無所用也若近郊之內先有者不得出近郊之門近郊之門尙不得出則近郊之內雖有亦不得用也舉此而言遠郊關門亦可知是此月之時所在之處遠近皆不得用故云毋出九門○注獸罟至爲弋○正義曰按爾雅云兔罟謂之罝郭景純云罝猶遮也是罝爲獸罟知罘亦獸罟者按釋器云罬謂之罦罦覆車也孫炎云覆車是兩轅網旣是兩轅可以網鳥非但網鳥亦可以網獸廣雅云網謂之罟罘兔罟也是獸罟曰罝罘也此罘與罦一也鳥罟曰羅釋器文云網小而柄長謂之畢者以其似天上畢星毛詩傳云畢所以掩兔是也明其常有時不得用耳謂此等之物四時常有於此季春之時不

得用之按周禮迹人云禁毒矢射者乃謂四時也云九門路門應門之等者自路門皐門已內皆宮室所在非田獵之處亦禁羅網毒藥不得出者此等門內雖是宮室所在亦有林苑及空閒之處得有羅網及毒藥所施云今月令無罘翳爲弋者以今月令之本云田獵○罝羅網畢弋與此經不同○**是月也命野虞無伐桑柘**愛蠶食也野虞謂主田及山林之官○柘之夜反○**鳴鳩拂其羽戴勝降于桑**蠶將生之候也鳴鳩飛且翼相擊趨農急也戴勝織紝之鳥是時恒在桑言降者若時始自天來重之也○戴音帶注同本亦作載戴勝鳥名紝女今反**具曲植籧筐**時所以養蠶器也曲薄也植槌也○植直吏反籧筐居呂反亦作筥下上狂反方曰筐圓曰筥槌直追反又直類反又丈僞反**后妃齊戒親東鄉躬桑禁婦女毋觀省婦使以勸蠶事**后妃親採桑示帥先天下也東鄉者鄉時氣也是明其不常留養蠶也留養者所卜夫人與世婦婦謂世婦及諸臣之妻也內宰職曰仲春詔后帥外內命婦始蠶于北郊女外內子女也夏小正曰妾子始蠶執養宮事毋觀去容飾

也婦使縫線組紃之事。鄉許亮反注同觀古喚反注同省所景反去起呂反線息賤反組音祖紃音旬

蠶事既登分繭稱絲效功以共郊廟之服無有敢惰

登成也敕往蠶者蠶畢將課功以勸戒之○繭古典反效戶教反共音恭惰徒臥反

【疏】注鳴鳩飛至之鳥○正義曰鳩鳴且翼相擊者按釋鳥云鶌鳩鶻鵃郭景純云鶌音九物反鵃音嘲鶻鵃似山鵲而小青黑色短尾多聲孫炎云鶻鵃一名鳴鳩月令云鳴鳩拂其羽是也云戴勝織紝之鳥者按釋鳥云鵖鴔戴鵀郭景純云鵀即頭上勝今亦呼為戴勝李巡云戴勝一名鵖鴔孫炎云鳴鳩自關而東謂之戴鵀非也○注曲薄也植槌也○正義曰按方言云宋魏陳江淮之間謂之曲或謂之麴自關而西謂之薄故云曲薄方言注槌縣蠶薄柱也宋魏陳楚江淮之間謂之植自關而西謂之槌齊謂之牂○注東鄉至之事○正義曰若尋常留養蠶或東西南北面無所在今后惟東面採桑明知不常留養蠶也暫示法而已留養者所卜夫人與世婦者按祭義云卜三宮之夫人世婦之吉者使蠶是常留養蠶也祭義又云夫人副禕而受之言副禕則據王后言三宮夫人則似據諸侯不同者祭義所云雜明天子諸侯之法副禕據王后上公

夫人亦副褘也三宮夫人據諸侯亦得通王之三夫人也云婦謂世婦及諸臣之妻者釋經中婦字知不兼三夫人九嬪者以經云禁婦女無觀則尊者不應在禁限故知無夫人與嬪也及女御亦當在焉特云世婦者以祭義云世婦之吉者故特言之引內宰職蠶于北郊者證躬桑之事按此經是季春躬桑內宰云仲春者以仲春既帥命婦躬桑浴種至季春又更躬桑浴蠶也故熊氏云案馬質注云蠶爲龍精月直大火則浴其種是二月浴種也祭義云大昕之朝奉種浴于川注云大昕季春朔日是三月又浴蠶也皇氏云二月浴之三月乃躬其義非也云女外內子女者解經中女字外子女謂王外姓甥之女者內子女者王之同姓子女則周禮之外宗內宗皆以嫁有爵者故內宰云帥外內命婦言命婦則未出嫁者不在焉鄭注周禮士妻亦爲命婦則士妻亦在云夏小正曰妾子始蠶執養宮事者引之證明子女養蠶之事皇氏云妾謂外內命婦子謂外內子女執養宮事執操也養長也謂操持養長蠶宮之事云無觀去容飾者以其祭先蠶又志在採桑養蠶無暇爲飾之事故禁之以示法○注登成至戒之○正義曰登成釋詁文以分繭稱絲是謂效其功故云以勸之戒○**是月也命工師令百工審五庫之量金**

鐵皮革筋角齒羽箭幹脂膠丹漆毋或不良

工師司空之屬官也五庫藏此諸物之舍也量謂物善惡之舊法也幹器之木也凡輮幹有當用脂良善也○量音亮注同筋音斤幹古旦反輮如九反〔疏〕注工師至善也○正義曰周禮考工記無工師知是司空屬官者以司空掌工巧此稱工巧師長故知司空之屬云量謂物善惡之舊法者言此等之物善惡先有舊法當審察之故云審五庫之量五庫者熊氏云各以類相從金鐵爲一庫皮革筋爲一庫角齒爲一庫羽箭幹爲一庫脂膠丹漆爲一庫義或然云幹器之木者按周禮弓人掌作弓云凡析幹故知幹弓幹此則揔論材幹不獨指弓但器之材樸揔謂之幹故云幹器之木○

百工咸理監工日號毋悖于時毋或作爲淫巧以蕩上心

咸皆也於百工皆理治其事之時工師則監之日號令之戒之以此二事也悖猶逆也百工作器物各有時逆之則不善時者若弓人春液角夏治筋秋合三材冬定體之屬也淫巧謂僞飾不如法也蕩謂動之使生奢泰也今月令無于時作爲爲詐僞○監古銜反注同悖必內反巧如字又苦孝反注同液音亦○〔疏〕百工

至蕩上心○正義曰言於此之時天氣和適百工造作器物當依百工皆治理其事之時監工之官日日號令之言造作器物當依氣序無得悖逆於時使物不牢固又所作器物當依舊常無得有作淫過巧妙以蕩動在上使生奢泰之心者○注若弓至詐僞○正義曰按考工記弓人云春液角言春時先漬液其角豫和濡筋柔於角故於夏暑濕之時始治筋秋合三材者秋時陰陽氣調合膠漆絲之三材角在內面筋在外面幹在中冬定體者謂往來之體冬氣凝寒物皆牢實故內之檠中使弓體堅強云之屬者用時非一故云之屬考工記石有時以泐水有時以凝又云材美工巧然而不良則不時是也

○是月之末擇吉日大合樂天子乃率三公九卿諸侯大夫親往視之大合樂者所以助陽達物風化天下也其禮亡今天子以大射郡國以鄉射禮代之○是月也乃合累牛騰馬遊牝于牧累騰皆乘匹之名是月所合牛馬謂繫在廄者其牝欲遊則就牧之牡而合之○累力追反注同騰大登反牝毗忍反徐扶死反乘繩證反廄居又反○犧牲駒犢舉書其數以在

牧而校數書之明出時無他故至秋當録乃合至其數
内且以知生息之多少也○數所主反○【疏】正義曰累牛
謂相累之牛騰馬相騰逐之馬以季春陽將盛物皆産乳故
合此所累之牛相騰之馬故遊此繫牧之牝於牧田之中就
牡而合之其在廄牝馬須擬乘用者則不放之○犧牲駒犢
舉書其數者既遊牝於牧之後畜皆在野所有犧牲及小馬
之駒小牛之犢皆書其見在之數所以然者至秋畜産入○
時知其舊數不欠少以否又舊數之外知其生息多少

命國難°九門磔攘以畢春氣此難難陰氣也陰寒至此不止害將及人
所以及人者陰氣右行此月之中日行歷昴昴有大陵積尸
之氣氣佚則厲鬼隨而出行命方相氏帥百隸索室毆疫以
逐之又磔牲以攘於四方之神所以畢止其災也王居明堂
禮曰季春出疫于郊以攘春氣○難乃多反後及注同磔竹
伯反禳本又作攘如羊反佚音逸注此難至春氣○正義
後同索所白反毆疫上于反○【疏】曰以季春恐有難陽氣
之嫌故云難難陰氣也云陰氣右行此月之中日行歷昴昴
有大陵積尸之氣者天氣左轉故斗建左行謂之陽氣日月
右行日月比天爲陰故云陰氣右行以此月之初日在於胃
此月之中從胃歷昴云有大陵積尸者元命包云大陵主尸

熊氏引石氏星經大陵八星在胃北主死喪云方相氏帥百隸索室敺疫以逐之者按方相氏云帥百隸而時難以索室敺疫鄭注云時難謂四時難引月令季冬命國難故知於時命方相氏也引王居明堂禮曰以下者證季春國難之事○

○季春行冬令則寒氣時發草木皆肅 丑之氣乘之也肅謂枝葉縮栗 國有大恐 以水訛相驚○恐上勇反【疏】季春至大恐○正義曰寒氣時發天災也草木皆肅地災也國有大恐人災也○注肅謂枝葉縮栗○正義曰按詩九月肅霜肅謂嚴肅故云肅縮栗言枝葉減縮而急栗○注以水訛相驚○正義曰按孟春國時有恐注云以火訛相驚知此是水者以上孟春行夏令故爲火訛此季春行冬令故云水訛雖初訛言相驚水竟不至所以然者以冬氣來乘水欲來至以季春行土上能制水故知水不來○

行夏令則民多疾疫時雨不降 未之氣乘之也六月宿直鬼鬼爲天尸時又有暑也 山林不收 高者暵於熱也○暵呼旱反又呼旦反○【疏】民多至不收○正義曰民多疾疫人災也時雨不降天災也山陵不收地災也 行秋令則天多沈陰淫

雨蚤降戌之氣乘之也九月多陰淫霖也雨三日以上爲霖今月令曰衆雨○蚤音早兵革並起陰氣勝也【疏】天多至並起○正義曰天多沈陰淫雨早降並天災也兵革並起人災也○注淫霖至爲霖○正義曰雨三日以上爲霖隱公九年左傳文○

孟夏之月日在畢昏翼中旦婺女中孟夏者日月會於實沈而斗建巳之辰○婺音務○【疏】孟夏至女中○正義曰三統厤四月節日在畢十二度昏軫四度中去日二百一十四度旦虛三度中四月中日在井初度昏角六度中去日一百一十七度旦危六度中按元嘉厤四月節日在昴十一度昏翼十一度中旦女三度中四月中日在畢十五度昏軫十度中旦虛九度中日畢者按律厤志立夏日在畢十二度昏翼中者日既在畢十二度畢有十六度而終則中取五度觜二度參九度井三十三度鬼四度柳十五度七星七度張十八度計從畢十二度至翼初總九十三度言春三月之時昏中之星九十八度四月日漸長校三月三刻則昏中之星去日多校一刻半餘以度言之則校五度則四月昏中之星去日合有一百二度計翼星中之時當在翼十二度也其

日丙丁丙之言炳也。日之行夏南從赤道長育萬物月爲之佐時萬物皆炳然著見而強大又因以爲日名焉易曰齊乎巽相見乎離。炳音丙長丁丈反此月內除律長長大繼長皆同著見賢遍反其帝炎帝其神祝融此赤精之君火官之臣自古以來著德立功者也炎帝大庭氏也祝融顓頊氏之子曰黎爲火官。炎丁廉反炎帝神農也顓頊上音專下音勗。其蟲羽象物從風鼓翼飛鳥之屬其音徵三分宮去一以生徵徵數五十四屬火者以其徵清事之象也夏氣和則徵聲調樂記曰徵亂則哀其事勤。徵張里反後放此去起呂反。律中中呂孟夏氣至則中呂之律應中呂者無射之所生三分益一律長六寸萬九千六百八十三分寸之萬二千九百七十四周語曰中呂宣中氣。中呂音仲又如字射音亦其數七火生數二成數七但言七者亦舉其成數其味苦其臭焦火之臭味也凡苦焦者皆屬焉。焦子遙反其祀竈祭先肺夏陽氣盛熱於外祀之於竈從熱類也祀之先祭肺者陽位在上肺亦在上肺爲尊也竈在廟門外之東祀竈之禮先席於門之奥東面設主于竈陘乃制肺及心肝爲俎奠于主西又設盛于組南亦祭黍三祭肺心肝各一祭醴三亦既祭徹之更陳鼎組設饌于筵前迎尸如祀戶之禮○肺芳廢反陘音刑○【疏】注易曰至乎離○正義曰引易者證丙丁是著明之義此易說卦文○注炎帝至火官○正義曰何肩云春秋說云炎帝號大庭氏下爲地皇作耒耜播百穀曰神農也云犂爲火官者按昭二十九年左傳云顓頊氏有子曰犂爲祝融杜注云祝融明貌○注三分至事勤○正義曰三分宮去一以生徵者宮數八十一三分分之各二十七去二十七餘有五十四故徵數五十四也云屬火者以其徵清事之象者清者數少爲清羽數最少爲極清徵數次少爲徵清徵於清濁爲第四事於尊卑亦爲第四故云事之象引樂記者證爲事也○注中呂至中氣○正義曰無射之律長四寸六千五百六十一分寸之六千五百二十四三分益一以生中呂於無射四寸之內取三寸益一寸爲四寸餘有整寸一又有六千五百六十一分寸之六千五百二十四以六千五百六十一各三分之則一寸分爲一萬九千六百八十三分也六千五百二十四分各三分之則爲一萬九千五百七十二又整一寸分爲一萬九千六百八十三并之揔爲三萬九千二百五十五也更三分之一分有一萬三千八十五上生者三分益一以一萬三千八十五益上之數揔爲五

萬二千三百四十爲積分之數然後除之爲寸一寸除一萬
九千六百八十三則二寸除二萬九千三百六十六爲二寸
適前爲六寸餘有一萬二千九百七十四不成寸是中呂長
六寸萬九千六百八十三分寸之萬二千九百七十四也○
注竈在至之禮○正義曰知竈在廟門外之東者按少牢及
特牲禮皆竈在廟門外之東西面北上云祀竈之禮以下皆
逸中霤禮文云先席於門之奥謂廟門外西室之奥以神位
在西故知在西室之奥以祀戶在戶内故祭在廟室之奥祀
竈在門外故設主在門室之奥各從其義云東面設主於竈
陘者謂設主人東面也竈陘謂竈邊承器之物以土爲之云
乃制肺及心肝爲俎奠於主西者制謂截割心肝皆嚮上之
物故從肺類俱置俎上奠此俎於主之西此主位西嚮故置
俎在西而對主也云又設盛于俎南者盛謂黍稷盛之於簋
皇氏以爲此祭老婦盛於盆非其義也云亦祭黍三祭肺心
肝各一祭醴三者亦上祀戶之禮祭必三者以禮成於三故
也上祀戶云祭肉三肺一腎再此云祭肺心肝各一亦爲肉
祭三也此醴實於尊祭三者始扱一祭又扱再祭云既祭徹之
更陳鼎俎設饌于筵前者筵前謂初設廟室奥之筵前准特
牲少牢鼎當陳於廟門室之前稍東西向○執俎者以俎就鼎
載肉入設於筵前在葅醢之東其黍稷等設於俎南北唯云

祭黍或無稷也此配竈神而祭者是先炊之人禮器云竈者是老婦之祭螻蟈鳴蚯蚓出皆記時候也螻蟈蛙也王瓜萆挈也今月令云王萯生夏小正云王萯秀未聞孰是王瓜生苦菜秀孰是。螻音樓蟈古獲反螻蟈蛙也蔡云螻螻蛄蟈蛙也蛙烏蝸反即蝦蟇也蚓以忍反萆挈上反八反下起入反萯房九反〔疏〕注螻蟈至孰是。正義曰按周禮蟈氏鄭司農注云蟈蝦蟇玄謂蟈今御所食蛙也李巡注爾雅蟾諸蝦蟆也王瓜萆挈者本草文今月令王萯生者此云王瓜生今月令王萯生疑王萯則王瓜也云夏小正云王萯秀未聞孰是者今月令既云王萯生小正又云王萯秀故鄭以為疑云未聞孰是未聞孰是凡有二意一疑王瓜是王萯以否二疑生之與秀其文不一故云未聞孰是此物記時先生者在月初後者在月末以次相配餘皆倣此〇天子居明堂左个乘朱路駕赤駵載赤旂衣朱衣服赤玉食菽與雞其器高以粗明堂左个大寢南堂東偏也菽實孚甲堅合屬水雞木畜時熱食之亦以安性也粗猶大也器高大者象物盛長。駵音留本又作騮菽本又作叔音同粗七奴反畜許又反下水畜同〔疏〕乘朱路駕赤駵○正義曰路與服言朱駵與旂及玉言赤者色淺曰赤色深曰朱路與衣服人功所爲染必色深故云朱玉與駵馬自然之性皆不可色深故云赤旂旂雖人功所爲染之不須色深故亦云赤按詩傳天子純朱諸侯黃朱又鄭注儀禮云朱則四入與是朱深於赤也

○是月也以立夏先立夏三日大史謁之天子曰某日立夏盛德在火天子乃齊謁告也○齊側皆反先悉薦反立夏之日天子親帥三公九卿大夫以迎夏於南郊還反行賞封諸侯慶賜遂行無不欣說迎夏祭赤帝赤熛怒於南郊之兆也不言帥諸侯而云封諸侯諸侯時或無在京師者空其文也祭統曰古者於禘也發爵賜服順陽義也於嘗也出田邑發秋政順陰義也今此行賞可也而封諸侯則違於古封諸侯出土地之事於時未可似失之○欣說上許斤反下音悅熛怒必遙反下奴故反〔疏〕注不言至失之○正義曰按上迎春云帥三公九卿諸侯大夫今此直云三公九卿大夫

故云不言師諸侯既不師諸侯而云封諸侯故鄭解其意云諸侯當迎夏之時或無在京師者故空其諸侯之文諸侯既無而得封者鄭云或無在京師者言或則容有在者故得封也或可諸侯身雖不在遙封之皇氏以爲迎時不在至還時諸侯或來故得封也然迎夏往反暫時之事不應迎時未到還時則來非其義也引祭統以下證夏時未可封諸侯故云今此行賞可也而封諸侯則違於古也

〇**乃命樂師習合禮樂**爲將飲酎〇爲于僞反下爲逆爲妨爲傷下文爲天子皆同酎直又反重釀之酒〇**命太尉贊桀俊遂賢良舉長大**助長氣也贊猶出也桀俊能者也遂猶進也三王之官有司馬無大尉秦官則有大尉今俗人皆云周公作月令未通於古〇長大如字下繼長同或丁丈反非也**行爵出祿必當其位**使順之也〇當丁浪反

是月也繼長增高謂草木盛蕃廡〇蕃廡音煩下亡甫反下同**毋有壞墮**亦爲逆時氣〇壞音怪注同墮許規反又作隳下注同**毋起土功毋發大衆**爲妨蠶農之事**毋伐大樹**亦爲逆時氣**是**

月也天子始絺初服暑服。絺勑其反命野虞出行田原

爲天子勞農勸民毋或失時重敕之。行下孟反下同勞力報反○

命司徒巡行縣鄙命農勉作毋休于都急趍於農也縣

鄙鄉遂之屬主民者也王居明堂禮曰毋宿于國今月令休爲伏是月也驅獸毋害

五穀毋大田獵爲傷蕃廡之氣農乃登麥天子乃以彘

嘗麥先薦寢廟登進也麥之新氣九盛以彘食之散其熱也彘水畜是月也

聚畜百藥蕃廡之時毒氣盛。畜丑六反又許六反。靡草死麥秋至

斷薄刑決小罪舊說云靡草薺亭。歷。之屬祭統曰草艾則墨謂立秋後也刑無輕於墨者今以

純陽之月斷刑決罪與毋有壞墮自相違似非○斷丁亂反注同薺才禮反艾魚廢反後皆同出輕繫

崇寬【疏】乃命樂師習合禮樂○正義曰不云是月者以承上是月立夏之文也至行爵出祿必當其位皆立夏之

日處分之所爲猶如立春之後云命相布德施惠皆同時之
事故不云是月也○自繼長增高至毋伐大樹論順時生養
不違逆時氣事異於上故言是月也○自天子始絺至毋休
於都論天子初服暑服爲勞農之時亦事異於前故復言是
月○自驅獸至寢廟論生長五穀麥成薦寢廟其事相類是
事異於上故更言是月○自聚畜百藥至出輕繫論熱毒方
盛可以聚蓄百藥斷決小罪因斷之時崇尚寬恕事異於前
故言是月蠶事既畢不言是月者以季春養蠶孟夏始了非
一月之事故不言是月○天子飲酎事之大者又異於前故言
是月○注贊出至於古○正義曰贊是贊佐之義故云出禁
俊或未仕沉滯者故云出賢良或職卑位下故云遂賢良謂
有德行傑俊謂多才藝故鄭注鄉大夫職云賢者有德行者
能者有道藝者蔡氏辯名記曰十人曰選倍選曰俊萬人曰
傑尹文子及毛詩傳皆云萬人爲英異人之說故不同云三
王之官有司馬無大尉者按書傳有司馬公司徒公司空公
領三卿此夏制也按曲禮下云司徒司馬司空司士司寇此
殷制也周禮則有夏官司馬是三王有司馬無大尉按中候
握河紀云舜爲太尉此堯時置之三王不置也云秦官則有
大尉者按漢書百官表云大尉秦官是也云今俗人皆云周
公作月令未通於古者俗人謂賈逵馬融之徒皆云月令周

公所作故王肅用焉此等未通識於古古謂秦已前不知三王無大尉是未通於古經云舉長大者謂用長大之人故王肅云舉形貌壯大者○繼長增高○正義曰是月草木蕃廡王者施化當繼續長養之道謂勸民長養增益高大之物謂勸其種殖○注縣鄙鄉遂之屬主民者○正義曰按地官遂人職云五家爲鄰五鄰爲里四里爲酇五酇爲鄙五鄙爲縣縣二千五百家鄙五百家是遂之屬今云鄉遂之屬今直云遂屬舉遂以包鄉故鄭兼云鄉也○注舊說至似非○正義曰靡草無文故引舊說以明之葶藶之屬以其枝葉靡細故云靡草引祭統以下者證此月不當斷薄刑決小罪

蠶事畢后妃獻繭乃收繭稅以桑爲均貴賤長幼如一以給郊廟之服　后妃獻繭者內命婦獻繭於后妃收繭稅者收於外命婦外命婦雖就公桑蠶室而蠶其夫亦當有祭服以助祭收以近郊之稅耳貴賤長幼如一國服服同○

疏　蠶事至之服○正義曰天子春養蠶此時畢了故云蠶事畢后妃獻繭者謂后妃受內命婦之獻繭乃收繭稅者謂既受內命婦獻繭乃收外外命婦繭之賦稅以桑爲均者言收稅之時以受桑多少爲賦之均齊桑多則賦多桑少則賦少貴賤長幼如一者

貴謂公卿大夫之妻賤謂士之妻長幼謂婦老幼無問貴賤長少出之時齊同如一皆以近郊之稅十而稅一也所稅之物以供給天子郊廟之服○注后妃至服同○正義曰内命婦獻繭于后妃者以其經云后妃獻繭恐后妃獻繭於王故明之也知非后妃獻繭於王者祭義曰世婦卒蠶奉繭以示於君遂以獻於夫人是夫人不獻繭也云收繭稅者收於外命婦者内命婦既以獻繭更別云收繭稅故知於外命婦也雖就公桑蠶室而蠶其夫亦有祭服以助祭也皇氏云外命婦既就公家之桑而養蠶則繭當悉輸於公所以惟皆稅其繭餘得自入者以其夫當有祭服以助王祭故令繭得自入以供造也今謂夫助祭之服當公家所爲故禮再命受服言外命婦雖就公桑蠶室而蠶既是官家之桑繭應全入於已所以有稅者以其夫亦當有祭服官家所給故輸繭稅以供造之但稅寡少故云收以近郊稅耳知收以近郊稅者載師云近郊十二公桑在國北近郊故知收以近郊云貴賤長幼如一國服同者按泉府云凡賒者以國服爲之息國服謂國家貢賦一服事在上各有等限謂之國服言貴賤長幼出繭稅俱以十一等限齊同故云國服同其受桑則貴賤異也貴者桑多賤者桑少爲皆計繭爲稅十一之稅○是月也天子飲酎用禮

樂酎之言醇也謂重釀之酒也春酒至此始成與羣臣以禮樂飲之於朝正尊卑也孟冬云大飲烝此言用禮樂互其文○醇音純重直龍反或直用反釀女亮反朝直遥反蒸之承反後皆同〔疏〕注酎之至其文○正義曰酎音近稠稠醲厚故爲醇也詩豳風云爲此春酒至此始成以用禮樂故飲之於朝正尊卑故左傳云朝以帥長幼之序若漢嘗酎及春秋見於嘗酎皆謂在廟祭而獻酎與此別也孟冬○云大飲烝此言用禮樂明孟冬亦用禮樂故云互其文

孟夏行秋令則苦雨數來五穀不滋申之氣乘之也苦雨白露之類時物得雨傷○數所角反四鄙入保金氣爲害也鄙界上邑小城曰保○〔疏〕孟夏至入保○正義曰苦雨數來天災五穀不滋地災四鄙入保人災也行冬令則草木蚤枯長日促○後乃大水敗其城郭亥之氣乘之也〔疏〕行冬至城郭○正義曰草木蚤枯地災後乃大水敗其城郭天災此二句其爲一事也行春令則蝗蟲爲災暴風來格寅之氣乘之也必以蝗蟲爲災者寅有啓蟄之氣行於初暑則當蟄者大出矣格至也○蝗徐華孟

反范音橫字林音黃秀草不實氣更生之不得成也疏行春至不實○正義曰蝗蟲爲災及秀草不實地災暴風來格天災也○

附釋音禮記注疏卷第十五

皇清嘉慶二十年重栞
宋本用文選樓藏本校

江西南昌府學栞

禮記注疏卷十五挍勘記　阮元撰盧宣旬摘錄

月令

仲春之月節　惠棟挍云仲春節其日節始雨節天子節宋本分其器疏以達之上合前三節爲一節

仲春至星中　惠棟挍宋本無此五字

言萬物降落而收斂　閩監毛本同惠棟挍宋本無萬字衞氏集說同

應一百八十二度餘　閩監毛本作二衞氏集說同此本二誤一

其日甲乙節

律中夾鍾　岳本同嘉靖本同衞氏集說同閩監毛本鍾作鐘石經同釋文出夾鍾注疏放此

是於一寸分爲二千一百八十七分　惠棟挍宋本作是於此本是於二字

倒閩監毛本同衞氏集說同

始雨水節

釋鳥云鳴鳩鴶鵴閩監毛本同衞氏集說同浦鏜按鳴改鳲按浦鏜是也

天子居靑陽大廟節惠棟按宋本是月也安萌牙以下合下元鳥節后妃節爲一節

安萌牙惠棟按宋本同宋監本同岳本同石經同閩監毛本牙作芽嘉靖本同衞氏集說同案呂覽亦作牙○按依說文萌芽字作芽从艸牙聲古多以牙爲芽

是月至獄訟惠棟按宋本無此五字

自日夜分至正權概閩監毛本作正此本正誤平惠棟按宋本同

后土者五官之后土閩監毛本同考文引宋板者下有謂字衞氏集說同

上罪梏拲而桎拲爲在手閩監毛本如此此本上拲誤拳下拲誤恭爲誤需

泠剛問云 閩本同惠棟按宋本同監毛本泠作冷盧文弨按云作冷剛非

是月也元鳥至節

以太牢祠于高禖 監毛本同岳本太作大嘉靖本同衛氏集說同石經同石經考文提要宋大字本宋本九經余仁仲本俱作大

嫁娶之象也 惠棟按宋本作嫁娶宋監本同岳本同嘉靖本同衛氏集說同此本嫁娶二字倒閩監毛本同

故娀簡狄也 監毛本同考文引宋板故下有云字

云後王以爲禖官嘉祥 惠棟按宋本同監毛本禖作媒

是爲媒官嘉祥 監毛本同惠棟按宋本媒作禖衛氏集說同○按依注文當作媒不作禖故下云變媒言禖

是高辛已前舊有 監毛本同考文引宋板無是字

高者尊也 監毛本同衛氏集說同惠棟挍宋本高誤爲

又生民及元鳥毛詩傳云 監毛本同惠棟挍宋本無詩字衛氏集說亦作毛傳云

簡狄從帝而祈于郊禖 監毛本同惠棟挍宋本祈作祠衛氏集說亦作祈無而字

必自有禖氏 惠棟挍宋本作媒此本作禖監毛本同

娀簡狄吞鳳子之後 監毛本同段玉裁挍本鳳改鳦

後王爲媒官嘉祥 監毛本媒作禖下以先媒配之後王以是爲媒官之嘉祥其古昔先媒此立爲媒神者同。按段玉裁挍本王下有以字

后妃帥九嬪御節

天子有夫人有嬪 監毛本同岳本同嘉靖本同衛氏集說同惠棟挍宋本嬪上有九字

禮之祿下其子必得天材監毛本如此岳本同衞氏集說同此本材誤林嘉靖本下誤卜

是月也日夜分節惠棟挍云是月也日夜分節耕者少舍節毋竭川澤節宋本合爲一節

則同度量鈞衡石監本同岳本同衞氏集說嘉靖本同石經同釋文同考文引宋板作度量毛本度量二字倒

角斗甬閩監毛本作甬岳本同嘉靖本同衞氏集說同此本甬誤角釋文出斗甬呂覽甬作桶盧文弨挍云廣疋方斛謂之桶桶與甬同

正義曰日夜分惠棟挍宋本同閩本日上誤有空闕監毛本補此字非也

鄭康成注尚書云日中星閩監毛本同齊召南云星下當有鳥字

則正月耒皆動監本作耒惠棟挍宋本作末

其實一籥　閩本同監毛本籥作龠下合籥一籥容同

五量加矣　閩本同惠棟挍宋本同監毛本加作嘉

是月也耕者少舍節

乃脩闔扇　閩監本同岳本同嘉靖本同衞氏集說同毛本脩作修石經同

用竹葦曰扇　閩本同岳本同嘉靖本同監毛本葦作葦

是月也毋竭川澤節

以饗司寒　閩監毛本同岳本同嘉靖本同衞氏集說同惠棟挍宋本饗作享考文引古本同

但建辰火星在卯　惠棟挍宋本作卯此本卯誤昴閩監毛本同

所以校一月也　按挍下疑脫遲字

上丁節

萬舞入學　閩監毛本同嘉靖本同衛氏集說同惠棟按宋本舞作用正義同宋監本同岳本同考文引古本足利本同○按大戴記正作用

仲丁　閩監毛本同岳本同嘉靖本同衛氏集說同釋文出中丁云音仲本亦作仲正義本作仲

入學習舞　閩監毛本舞作樂岳本同嘉靖本同衛氏集說同此本誤

爲季春將習合樂也　閩監毛本同嘉靖本同惠棟按宋本無習字宋監本同岳本同衛氏集說同考文引古本足利本同案習字衍

則大胥春入學舍采合舞一也　閩監毛本采作菜衛氏集說則作即采作菜

天子親在不云樂正者　惠棟按宋本同閩監毛本在作往衛氏集說同

樂師脩鞀鞞　閩監毛本作鞀此本鞀字闕

向知不先習舞　惠棟按宋本作何此本誤作向閩監毛本同

舍采合舞舍卽釋　惠棟挍宋本作采此本采作菜閩監毛本同下何以亦云春舍采同

萬用入學者　考文引宋板同閩監毛本用作舞案作用是也

于舞稱萬者　毛本于作干考文引宋板同監本同閩本作於九誤

不須臾習　考文引宋板臾作更衛氏集說同此本誤臾閩監毛本同

是月也祀不用犧牲節　惠棟挍云是月節仲春節宋本合爲一節

當祀者古以玉帛而已　閩監毛本同岳本同嘉靖本同衛氏集說同考文引古本足利本古作告

祀不至皮幣　惠棟挍宋本無此五字

仲春行秋令節

麥乃不熟　閩監毛本同衛氏集說同石經同惠棟挍宋本熟作孰岳本同嘉靖本同宋監本同

其國至來征 閩監毛本同惠棟挍宋本國下有大水二字

國乃至爲害 毛本如此此本脫至字閩監本同

故無其災也 惠棟挍宋本下標禮記正義卷第二十二終又記云凡二十四頁

季春之月節 惠棟挍云季春節其日節桐始華節天子節宋本分其器䟽以遶之上合前三節爲一節○惠棟挍宋本自此節起至仲夏行秋令節止爲第二十三卷卷首題禮記正義卷第二十三

季春至牛中 惠棟挍宋本無此五字

旦女三度中 閩本同監毛本三作二衛氏集說同

日在胃九度凡三十度 閩監毛本同衛氏集說同盧文弨挍云九度下有缺文當云昏張十度中旦斗二十五度中三統厤二月之節日在奎五度自奎五度至胃七度共補三十二字然後接以凡三十度云云差爲脗合

其日甲乙節

姑洗所以脩絜百物閩監毛本作姑岳本同嘉靖本同衛氏集說同此本姑誤如

揔二寸八分閩監本同衛氏集說同考文引宋板寸作十

桐始華節

田鼠化爲鴽閩監毛本同岳本同嘉靖本同衛氏集說同石經同釋文出爲鴽云音如孫星衍夏小正經文正字云鴽當爲鴑說文𨾊牟母也或作鴑今從如誤

萍始生惠棟挍宋本萍作蓱岳本同嘉靖本同衛氏集說同石經同此本作萍誤閩監毛本同釋文出蓱始石經考文提要云按鄭注蓱萍也則經文非萍明甚宋大字本亦作蓱

鴽母無閩本同岳本同嘉靖本同考文引古本同足利本同正德本同惠棟挍宋本宋監本母作毋釋文本作毋無監毛本毋無改鴾母衛氏集說同正義云今此注作毋無毋當作牟謂牟無也可證注文本作毋無不作鴾

毋

螮蝀謂之虹閩監毛本同岳本同嘉靖本同衞氏集說同釋文出蝃云本又作螮亦作蜥正義作螮

正義曰鴽母無閩本同惠棟挍宋本同監毛本母無作鴾毋

某氏云謂鶉也閩本同惠棟挍宋本同監毛本某誤郭

一名牟毋閩本同惠棟挍宋本同監毛本牟改鴾

舍人云毋作無閩監毛本同段玉裁挍本云改本是也

按易乾道變化閩監毛本同惠棟挍宋本易下有云字

天子居青陽右个節惠棟挍云是月也天子乃薦鞠衣于先帝以下半節宋本合下是月也生氣方盛至不可以內爲一節案此本是月也上作○嘉靖本同閩監毛本去○

舟牧主舟之官也監毛本作主岳本同嘉靖本同衞氏集說同此本主誤王閩本同

備傾側也惠棟挍宋本側作漏宋監本同岳本同嘉靖本同考文引古本足利本同此本漏誤側閩監毛本及衛氏集說並作側

是月至先帝惠棟挍宋本無此五字

王權賀瑒熊氏等惠棟挍宋本作瑒此本瑒誤場閩監毛本同

案爾雅釋魚云鮥鮛鮪惠棟挍宋本有鮪字衛氏集說同此本鮪字脫閩監毛本同

王鮪似鱣口在頷下閩監毛本如此此本似誤以頷作頜

是月也生氣方盛節惠棟挍宋本天子布德行惠以下合下命司空節命野虞節命工師節爲一節盧文弨挍云案百工咸理節似亦當併入上節

陽氣發泄閩監毛本同岳本同嘉靖本同衛氏集說同石經泄作洩釋文出發泄

以物遂散之時閩監毛本遂作宣衛氏集說同惠棟挍宋本亦作宣

納之在內也　閩監毛本同惠棟挍宋本無也字衛氏集說同

發倉至乏絕　閩監毛本同惠棟挍宋本無此五字

謂其德行貞絕　惠棟挍宋本作純衛氏集說同此本誤作絕閩監毛本同

是月也命司空曰節

羅罔畢翳　惠棟挍宋本同宋監本同岳本同嘉靖本同石經此處殘缺閩監毛本罔作網衛氏集說同注同

是月也命野虞無伐桑柘節

趍農急也　嘉靖本同閩監毛本趍作趨岳本同衛氏集說同考文引古本趍作趣

曲薄也　閩監本同岳本同嘉靖本同衛氏集說同毛本薄誤簿

縫線組紃之事　閩監毛本作線岳本同嘉靖本同衛氏集說同此本線誤綿釋文出線云息賤反

戴勝一名鵀鳩　惠棟挍宋本作鴖䲹此本誤鵀鳩閩監毛本同衛氏集說同

齊謂之牂　閩監毛本同盧文弨按牂改牂

若尋常留養蠶　閩監毛本同惠棟按宋本無留字

及諸臣之妻者　閩監毛本作臣此本臣字闕○按注妻下有也字

是謂效其功　閩監毛本同惠棟按宋本謂效作課劾衛氏集說亦作課

是月也命工師節

幹器之木也　閩監本同岳本同嘉靖本同衛氏集說同毛本幹作榦下及疏同○按當作榦从木倝聲作幹者俗字也

百工咸理節

百工至蕩上心　惠棟按宋本無此六字

當依氣序　惠棟按宋本作氣是也衛氏集說同此本氣誤器閩監毛本同

是月之末節　惠棟挍云是月之末節命國難節宋本合爲一節

天子乃率三公九卿諸侯大夫　惠棟挍宋本同岳本同嘉靖本同閩監毛本率作帥衛氏集說同案呂覽亦作率

則就牧之牡而合之　惠棟挍宋本宋監本並作牡岳本同衛氏集說同此本牡誤牝閩監毛本同嘉靖本同疏就牡而合之放此

乃合至其數　惠棟挍宋本無此五字

皆書其見在之數　閩監本同衛氏集說同毛本見誤先考文引宋板作見

命國難節

命國難九門磔攘　閩監毛本同岳本同嘉靖本同衛氏集說同石經攘字同難作儺考文引古本同釋文出國難出禳云本又作攘

昴有大陵積尸之氣閩監毛本如此岳本同嘉靖本同衛氏集說同此本大字闕尸誤尺

索室敺疫以逐之閩監毛本如此岳本同衛氏集說同此本索誤素敺誤毆嘉靖本索字同敺誤毆釋文出索室敺疫○按依說文當作敺

大陵八星在胃北閩監本作北此本北誤此毛本同惠棟按宋本亦作北

季春行冬令節

季春至大恐惠棟按宋本無此五字

寒氣時發天災也閩監毛本作天此本天誤云

行夏令節

民多至不收惠棟按宋本無此五字

民多疾疫閩監毛本同考文引宋板疾作病

行秋令節

陰氣勝也 閩監毛本同岳本同嘉靖本衛氏集說勝作盛考文引古本陰作金

淫雨早降 閩監毛本早作蚤案石經文蚤作早

孟夏之月節 惠棟挍云孟夏節其日節螻蟈節天子節是月節以立夏節宋本合爲一節

孟夏至女中 惠棟挍宋本無此五字

四月節日在畢十二度 毛本作十衛氏集說同此本十誤止閩監本十誤上

去日二百一十四度 閩監毛本同衛氏集說同惠棟挍宋本二作一

日在昴十一度 惠棟挍宋本作昴此本昴誤品閩監毛本昴誤畢衛氏集說同

旦虛九度中 閩監毛本同衛氏集說同盧文弨挍云宋書旦虛二度中當從之

七星七度 惠棟挍宋本如此衛氏集說同此本誤土星十度閩監毛本同

其日丙丁節

丙之言炳也日之行 閩監毛本同岳本同嘉靖本同衛氏集說同段玉裁云炳也下當補丁之言强也五字

著德立功者也 閩監本同岳本同嘉靖本同衛氏集說同毛本立誤旨考文引宋板亦作立

顓頊氏之子曰黎 惠棟按宋本宋監本並同岳本同嘉靖本同考文引足利本同閩監毛本黎作犁衛氏集說同

以其微清 閩監毛本作微岳本同嘉靖本同衛氏集說同此本微誤徵疏同

祭先胏 惠棟按宋本同嘉靖本同閩監毛本胏作肺岳本同衛氏集說同石經同注放此岳本禮記考證曰胏當改肺案說文肺金藏也从肉市聲無作胏者蓋市與朿同加肉成胏乃乾胏之胏非肺肝之肺也

乃制胏及心肝爲俎 毛本同岳本同嘉靖本衛氏集說同正義亦作制閩監本制誤祭

祭醴三惠棟挍宋本作三岳本同考文引足利本同此本三誤二閩監毛本同嘉靖本同衞氏集說同

徹清者數少爲清惠棟挍宋本有徹字此本徹字脫閩監毛本同

則二寸除二萬九千三百六十六爲二寸閩監毛本同衞氏集說同

浦鏜挍云二萬當三萬誤按浦挍是也

此主位西鄉閩監毛本作位此本位作值

祭醴三者閩監本同毛本三誤二

上祀尸云祭肉三肺一臂再惠棟挍宋本作脾此本作肺衞氏集說同○按作脾是也

祭三者始扱一祭閩監毛本三作二衞氏集說同

准特牲少牢惠棟挍宋本同閩監毛本准誤唯衞氏集說同

稍東西向面　閩監毛本同衞氏集說同惠棟挍宋本向作面

螻蟈鳴節

蚯蚓出　閩監毛本同嘉靖本同衞氏集說同石經同惠棟挍宋本蚯作邱岳本同釋文出邱蚓

王瓜萆挈也　閩毛本同岳本同嘉靖本同正義同監本挈誤絜衞氏集說同考文引宋本挈作挈釋文出萆挈

王萯秀　閩監本同岳本同嘉靖本同衞氏集說同考文引宋板同毛本秀作莠秀○按夏小正亦作王萯秀段玉裁云豳風四月秀葽疑葽卽王萯也

天子居明堂左个節

其器高以粗　閩監本同岳本同嘉靖本同衞氏集說同石經同毛本粗作麤注同釋文出以粗

菽實孚甲堅合屬水　惠棟挍宋本宋監本亦作水閩監毛本同岳本同嘉靖本同衞氏集說水

作木考文引宋板同○按作木非也鄭注麥屬木黍屬火
麻屬金菽屬水稷屬土五穀所配之方如是

亦以安性也 閩監毛本作性岳本同嘉靖本同衛氏集說
同此本性字闕

是月也以立夏節

大史謁之天子曰 惠棟按宋本宋監本並作大閩本同岳本
同嘉靖本同衛氏集說同監毛本大作太
注同石經同

乃命樂師節

命太尉 閩監毛本同惠棟按宋本太作大宋監本同岳本同
嘉靖本同衛氏集說同注放此

贊桀俊 宋監本亦作桀惠棟按宋本同岳本同嘉靖本同正
義同閩監毛本桀作傑衛氏集說同石經同注放此
○按傑正字桀假借字

贊猶出也 惠棟按宋本標起訖作贊出

爲妨蠶農之事 閩監毛本同岳本同嘉靖本同衛氏集說蠶農二字倒

命司徒巡行縣鄙 宋監本亦作巡惠棟挍宋本同岳本同嘉靖本同閩監毛本巡作循衛氏集說同

急趍於農也 閩監毛本趍作趨岳本同嘉靖本同衛氏集說同考文引古本作急趣農也

靡草薺亭歷之屬 惠棟挍宋本同宋監本同岳本同嘉靖本同考文引足利本同閩監毛本亭歷作葶藶衛氏集說同盧文弨挍云初學記皆從艸

乃命樂師習合禮樂○正義曰 閩監毛本同惠棟挍宋本乃命樂師習合禮樂在正義曰下又監毛本乃誤及

事異於上故言是月也 閩監毛本同惠棟挍宋本無也字

注贊出至於古 惠棟挍宋本同閩監毛本出作猶

故鄭注鄉大夫職云 惠棟挍宋本作鄉此本誤鄉閩監毛本同

蔡氏辨名記曰閩監毛本同衛氏集說同段玉裁挍本云蔡氏之下當有引字

此等未通識於古惠棟挍宋本作識此本誤職閩監毛本同

今直云遂屬惠棟挍宋本作直衛氏集說同此本直誤有閩監毛本同

蠶事畢節惠棟挍云蠶事畢節是月也天子飲酎節宋本合爲一節

蠶事至之服惠棟挍宋本無此五字

是月也天子飲酎節

孟冬云大飲蒸閩監毛本同嘉靖本同岳本蒸作烝衛氏集說同釋文出飲蒸

稠醴厚故爲醇也閩監毛本同衛氏集說同山井鼎云醴恐醲誤

孟夏行秋令節

申之氣乘之也閩監毛本作申岳本同衛氏集說同此本申誤中嘉靖本同

行冬令節

孟夏至入保 惠棟挍宋本無此五字

行冬至城郭 惠棟挍宋本無此五字

行春令節

不得成也 閩監毛本同岳本同嘉靖本同衛氏集說同考文引宋板成作訟非

行春至不實 惠棟挍宋本無此五字

禮記注疏卷十五挍勘記

附釋音禮記注疏卷第十六

禮記　鄭氏注

月令

仲夏之月日在東井昏亢中旦危中仲夏者日月會於鶉首而斗建午之辰也○亢音剛又苦浪反〔疏〕仲夏至危中○正義曰按三統厤五月節日在井十六度昏氐二度中去日一百一十九度旦室三度中五月中日在井三十一度昏房二度中去日一百一十九度旦奎十一度中元嘉厤五月節日在井三度昏角十度中旦危九度中五月中日在井十八度昏氐五度中旦室五度中其日丙丁其帝炎帝其神祝融其蟲羽其音徵律中蕤賓其數七其味苦其臭焦其祀竈祭先肺蕤賓者應鍾之所生三分益一律長六寸八十一分寸之二十六仲夏氣至則蕤賓之律應周語曰蕤賓所以安靜神人

獻酬交酢。蕤人誰反〔疏〕
應應對之應酢才各反〔疏〕注蕤賓至交酢。○正義曰應鍾律長四寸二十七分寸之二十
上生蕤賓三分益一取應鍾三寸更益一寸爲四寸其二十
七分寸之二十各三分之則一寸分爲八十一分也二十七
分寸之二十則爲八十一分寸之六十其整寸一爲八十一
分又以六十分益之揔爲一百四十一分更三分益一分
有四十七更以四十七益前一百四十一分揔爲一百八十
八分是爲積分之數除之爲寸除八十一分則一百六十二
分爲二寸益前四寸爲六寸餘有二十六分不成寸故云蕤
賓長六寸八十一分寸之二十六也引周語曰以下者證蕤
賓之律何胤云乾九四是月陽反於下爲復陰生陽中爲姤
各應其時所以安靜是安靜神人也陰生爲主陽謝爲賓賓
主之象獻酬之禮獻酢又
酬之陰陽代謝之義也

○小暑至螳蜋生鵙始鳴反舌無聲

皆記時候也螳蜋螵蛸母也鵙博勞也反舌百舌鳥。螳音堂蜋音郎鵙古闃反字林工役反反舌蔡伯喈云蝦蟇螵匹遥反蛸音消搏音博又作伯〔疏〕注螳蜋至舌鳥。○正義曰按釋蟲云不蝸蟷蠰其子蜱蛸舍人云不蝸名蟷蠰今之螳蜋也孫炎云蟷蠰螳蜋一名不蝸李巡云其子名蜱蛸則螵蛸故云螵蛸母方言

云譚。魯以南謂之蟷蠰三河之域謂之螳蜋燕趙之際謂之食庬。齊杞。以東謂之馬穀然名其子同云螵蛸也云搏勞者詩云七月鳴鵙箋云百勞鳴將寒之候五月則鳴豳地晚寒鳥物之候從其氣焉云百舌鳥者蔡云蟲名蠹也今謂之蝦蟇其舌本前著口側而末嚮內故謂之反舌通卦驗曰搏勞鳴蝦蟇無聲又龐信云昔於長安中與書生數十共往城北水中取蝦蟇屠割視之其舌反嚮後如此鄭君得不通乎蟜夙問曰誠如緯與子言為蝦蟇五月中始得水適當聒人耳何反無聲此者著時候今猶昔也是以知蝦蟇非反舌反舌鳥春始鳴至五月稍止其聲數轉故名反舌時候言之今人識之故不從緯與俗儒也或蝦蟇舌性自然不必為反舌也

○天子居明堂太廟乘朱路駕赤駵載赤旂衣朱衣服赤玉食菽與雞其器高以粗明堂太廟南堂當太室也養壯佼助長氣也。佼古卯反長丁丈反下長氣同

【疏】養壯佼。正義曰壯謂容體盛大佼謂形容佼好以盛夏長養之時故養壯佼之人助長氣也

○是月也命樂師脩鞀鞞鼓均琴瑟管簫執

干戚戈羽調竽笙篪簧飭鍾磬柷敔。爲將大雩帝習樂也脩均執調飭者治其器物習其事之言。鞀大刀反本亦作鞉同鞞步西反竽音于篪音池本又作篪同簧音黃飭音勑柷昌六反敔魚呂反本又作圉爲于僞反下文爲民注爲傷爲其皆同雩音于

〔疏〕是月至柷敔。正義曰鞀字或從兆下鼓按周禮小師注云鼗如鼓而小持其柄搖之旁耳還自擊鄭注詩云小鼓在大鼓旁應鞞之屬也鞞鼓者則周禮鼓人職掌六鼓雷鼓鼓神祀之屬是也劉熙釋名云鞀導也所以導樂作鞞裨也裨助鼓節鼓郭也張皮以冒之其中空廓琴者釋樂云大琴謂之離孫炎云聲留離廣雅云琴長三尺六寸六分五絃劉熙釋名云施絃張之瑟者釋樂云大瑟謂之灑孫炎云音之布告如歸灑郭景純云瑟長八尺一寸二十七絃管者釋樂云大管謂之簥音驕郭景純云管長尺圍寸併漆之有底賈氏以爲如篪六孔鄭注周禮云管如遂而小併兩而吹之簫者釋樂云大簫謂之言郭景純云編二十二管長尺四寸鄭注周禮簫編小竹管如今賣飴餳所吹者劉熙釋名簫肅也干盾也戚斧也戈鉤孑戟羽鳥羽周禮羽舞皇舞之屬是也竽者鄭注周禮云竽三十六簧釋名云竽汙也其中污空笙者鄭注周禮云十三簧釋樂云大笙

謂之巢郭景純云列管瓠中施簧管端大者十九簧釋名云笙生也象物出地所生簫者釋樂云大簫謂之沂郭景純云簫以竹爲之長尺四寸圍三寸一孔上出寸三分名翹橫吹之爾雅云八孔鄭司農注周禮云簫七孔釋名云簫啼也聲如鶩兒啼簧者笙竽之名也氣鼓之而爲聲釋名云簧橫也於管頭橫施之鍾者按釋樂云大鍾謂之鏞釋名云鍾空也內空受氣多磬者釋樂云大磬謂之毊音囂以玉石爲之釋名磬磬也聲堅磬磬然柷者釋樂云所以鼓柷謂之止郭景純云柷如漆桶方二尺四寸深一尺八寸中有椎柄連底桐之令左右擊止者其椎名敔者釋樂云所以鼓敔謂之籈郭景純云敔如伏虎背上有二十七鉏鋙刻以木長尺櫟之○注脩均至之言○正義曰脩者脩理舊物均者均平其聲埶者操持營爲調者調和音曲飭者整頓器物故云治其器物習其事之言也○命有司爲民祈祀山川百源大雩帝用盛樂乃命百縣雩祀百辟卿士有益於民者以祈穀實陽氣盛而常旱山川百源能興雲雨者也衆水始所出爲百源必先祭其本乃雩雩吁嗟求雨之祭也雩帝謂爲壇南郊之旁雩五精之帝配以先

帝也自鞀鞞至柷敔皆作曰盛樂凡他雩用歌舞而已百辟卿士古者上公若句龍后稷之類也春秋傳曰龍見而雩雩之正常以四月凡周之秋三月之中而旱亦脩雩禮以求雨因著正雩此月失之矣天子雩上帝諸侯以下雩上公周冬及春夏雖旱禮有禱無雩○辟必亦反命有至穀實○注同句古侯反下同見賢遍反下御見同

〔疏〕正義曰正以將欲雩祭故先命有司為祈祀山川百源為將雩之漸重民之義也故先為民大雩帝用盛樂者為民祈穀後天子乃大雩天帝用上鞀鞞之等故云用盛樂乃命百縣雩祀百辟卿士者謂天子既雩之後百縣謂諸侯也命此諸侯以雩祀古之百辟及卿士等生存之日能立功有益於人者○注陽氣至無雩○正義曰以四月純陽用事故云陽氣盛而恒旱故制禮此月。○為雩縱令雩祭時不旱亦為雩祭云雩以吁嗟求雨之祭者以雩音近吁又女巫職云凡邦之大烖歌哭而請歌哭則吁嗟之類旱又是大烖故須吁嗟求雨注春秋者以雩為遠謂遠為百穀求雨非鄭義也云雩帝謂為壇南郊之旁雩五精之帝者以雩是祭天當從陽位以五天摠祭不可徧在四方故知在南郊也以春夏秋冬共成歲功不可偏祭一天故雩五精之帝以自外至者無主不正○當以人帝配之大皞配靈威仰炎帝配赤熛怒黃帝配含樞紐少皞配白招拒顓頊配汁光紀故云配以先帝也云凡他雩用歌舞而已者按女巫云旱暵則舞雩是用歌舞正雩則非唯歌舞兼有餘樂故論語云舞雩詠而歸是也云百辟卿士古者上公句龍后稷之類也者百辟則古之上公則國語鯀爲崇伯而禮記祭法有祀之文社稷五祀雖爲王朝卿士兼帶上公之官故左氏云封爲上公祀爲貴神是身爲百辟又爲卿士按左傳有社稷五官令直云若句龍后稷不云句芒蓐收之等舉有益於民功之顯者言之引春秋傳曰龍見而雩者欲明正雩在四月不在五月也云凡周之秋三月之中旱亦修雩禮以求雨者釋此經大雩在五月之中爲五月不雨脩雩祭作記者言五月之雩是常雩故記之於五月也云天子雩上帝者以此云大雩帝也云諸侯以下雩上公者此云乃命百縣雩祀百辟卿士是也云周冬及春夏雖旱禮有禱無雩者按春秋周七月八月九月皆書雩穀梁不譏成七年冬大雩穀梁云無爲雩是譏其冬雩是冬無雩也春秋周之春及周之四月五月皆無雩文春夏不雩雖旱不爲脩雩之祭其周季夏當有正雩則龍見而雩是也按春秋桓五年秋大雩傳云書不時服注云雩遠也遠爲百穀祈膏雨言大別山川之雩也僖十一年秋八月大雩十三年秋九月大雩成公三年秋大雩七年冬大雩襄五年秋大雩傳曰旱八年九月大雩傳曰

旱十六年秋大雩十七年秋九月大雩二十八年秋八月大雩傳曰旱昭三年秋八月大雩傳曰旱六年九月大雩傳曰旱八年秋大雩十六年秋九月大雩傳曰旱二十四年秋八月大雩傳曰旱二十五年秋七月上辛大雩季辛又雩傳曰秋書再雩旱甚定元年秋九月大雩七年秋大雩九月大雩十二年秋大雩僖二十一年夏大旱宣七年秋大旱莊三十一年冬不雨僖二年冬十月不雨三年正月不雨夏四月不雨六月雨傳曰自十月不雨至于五月不曰旱不爲災文二年自十有二月不雨至于秋七月十年云自正月不雨至于秋七月十三年云自正月不雨至于秋七月是春秋之中不雨有七大旱有二大雩有二十一都并有三十莊三十一年冬不雨以冬時旱氣以過故不數僖二十一年夏大旱宣七年秋大旱二旱災成故不數昭二十五年一月再雩祗是一旱之事爲再雩一雩不數定七年秋大雩亦一時之事而爲二雩一雩不數成七年冬大雩穀梁云冬無爲雩明亦不數三十之中去此六事不數唯有二十四在就二十四之中分爲四部桓五年秋大雩説雩禮是一部也僖二年冬十月不雨僖三年正月不雨夏四月不雨説禱禮是二部也文二年文十年文十三年皆云正月不雨至于秋七月説旱而不爲災是三部也此三部總有七條於二十四去七條餘有十七

條說旱氣所由故鄭釋廢疾云春秋凡書二十四旱考異郵說云分爲四部各有義焉是其事也凡正雩在周之六月常事不書書秋大雩傳不云旱者皆過雩也傳言旱者皆爲旱脩雩也雩書月者爲脩旱雩得禮故定元年穀梁傳曰雩月雩之正也秋大雩非正也按玉藻云至于八月不雨君不舉注云建子之月不雨盡建未乃始成災而僖二十一年夏大旱未至建未而爲災者若霧露霑濡壟中有苗雖麻時不爲災也文二年十年十三年自十二月正月不雨至秋七月是也至八月不雨乃爲災若無霧露霑濡壟中無苗雖未至八月則爲災故僖。十一年夏大旱是也穀梁說云得雨曰雩不得雨曰旱公羊說言雩則旱見言旱則雩不見此二家之說不同鄭釋廢疾從穀梁之義雩之與禱所以異者考異郵說云天子禱九州山川諸侯禱封內大夫禱所食邑又僖公三時不雨帥羣臣禱山川以過自讓凡雩必先禱故此經云乃命百縣祈祀山川百源始大雩帝是也禱者不雩僖公二年冬十月及三年春正月夏四月直爲禱祭不爲雩以非雩月故不雩

○農乃登黍登進也是月也天子乃以雛嘗黍羞以含桃先薦寢廟此嘗雛也而云以嘗黍不以牲主穀也必以黍者黍火穀

氣之主也含桃櫻桃也○鶵仕于反又仕俱反鶵也爾雅【疏】云生啄雛含桃本又作函湖南反含桃櫻桃也櫻於耕反注必以至櫻桃○正義曰黍是火穀於夏時與雛同薦之如鄭此言則黍非新成直取舊黍故下孟秋云農乃登穀注云黍稷於是始熟明仲夏未熟也蔡氏以爲此時黍新孰今蟬鳴黍是也非鄭義也按月令諸月無薦果之文此獨羞含桃者以此果先成異於餘物故特記之其實諸果亦時薦

○令民毋艾藍以染 爲傷長氣也此月藍始可別夏小正曰五月啟灌藍蓼○藍力甘反別彼列反下文別孽同【疏】注此月至藍蓼○正義曰別種藍之體初必叢生若及早栽移則有所傷損此月藍既長大始可分移布散引小正啟灌藍蓼者證此月養藍熊氏云灌謂叢生也言開闢此叢生藍蓼分移使之稀散

毋燒灰 爲傷火氣也火之氣於是爲盛火之滅者爲灰

毋暴布 ○不以陰功干大陽之事○暴步卜反大音太

門閭毋閉關市毋索 順陽敷縱不難物○索所白反難乃旦反又如字【疏】門閭至毋索○正義曰蔡云門謂城門閭謂二十五家爲閭關市無索者關市停物之所商旅或隱蔽其物以避征稅是月從長之時故不搜索其物

挺重

因益其食挺猶寬也〔疏〕益其食○正義曰益其食挺重因連文鄭又無注皇氏以爲增益因之飲食義當然也熊氏以爲益羣臣祿食其義非也○游牝別羣孕妊之欲止也則縶騰駒爲其牡氣有餘相蹄齧也○執如字蔡本作縶蹄大計反蹋也本或作踶音同班馬政馬政謂養馬之政教也廋人職曰掌十有二閑之政教以皁馬佚特教駣攻駒此之謂也○廋所留反駣音兆又音道字林音銚〔疏〕注馬政至攻駒○正義曰廋人職曰掌十有二閑之政教按校人職云天子十有二閑諸侯六閑大夫四閑每閑馬有二百一十六匹又皁馬佚特教駣攻駒注云皁盛壯也鄭司農云二歲曰駒三歲曰駣玄謂逸者用之不使甚勞安其血氣也教駣始乘習之攻駒騬其蹄齧者○是月也日長至陰陽爭死生分爭者陽方盛陰欲起也分猶半也○爭爭鬭之爭注同〔疏〕是月至生分○正義曰長至者謂此月之時日長之至極大史漏刻夏至晝漏六十五刻夜漏三十五刻是日長至也死生分者分半也陰氣既起故物半死半生蔡云感陽氣長者生感陰氣成者死故於夏至日相與分也君子齊戒處必掩

身毋躁掩猶隱翳也躁猶動也今月令毋躁爲欲靜止聲色毋或進進猶御見也聲謂樂也易及樂春秋說夏至人主與羣臣從八能之士作樂五日今止之非其道也○從子用反〔疏〕君子至或進○正義曰蔡氏云君子謂人君以下至在位士也齊戒所以敬道萌陰也處必掩身處猶居也掩隱翳也陰既始萌故君子居處不顯露恐干陰也毋躁者躁動也既不顯露又不得躁動宜靜以安萌陰也鄭引今月令無躁爲欲靜欲靜則無無躁之義止聲色者歌樂華麗之事爲助陰靜故止之無或進者進御見也既止聲色故嬪房不得進御侍夕也亦爲微陰始動不可動於陰事也蔡云方齊戒故止色內御之屬勿或有所進也○注易及至其道○正義曰按易緯通卦驗云夏至人主從八能之士或調黃鍾或調六律或調五音或調五聲或調五行或調律曆或調陰陽或調正德所行注從八能之士謂選於天下人衆之中取其習曉者而使之調黃鍾者縣黃鍾於子其以大小之差展其聲調六律者六律管陽也又有六呂爲之合管有長短吹之以調樂器之聲調五音者金爲鍾革爲鼓石爲磬竹爲管絲爲絃皆有聲變舒疾也匏也木也土也不言調者聲少變故不調調五聲者宮商角徵羽聲弘殺緩急凡黃鍾六律之聲五音之動與神靈

之氣通人君聽之可以察已之得失而知羣臣賢否調五行者五行謂五英調律厤者律厤謂六莖也調陰陽者謂雲門咸池調正德所行者謂之大韶大夏大濩大武此鄭云五英謂顓頊樂名下云六莖者帝嚳樂名云從八能之士注云從就也謂人主就八能之士於習樂之處而觀之作樂五日者謂日至之前豫前五日令八能之士習作其樂以迎日至樂緯協圖徵亦云從八能之士今月令於日至止聲色與諸緯文違故云非其道必知其緯文作樂爲是者以周禮大司樂冬至祭祭圜丘夏至祭地方澤皆有作樂之文不得云止樂故知月令非也**薄滋味毋致和**爲其氣異此時傷人○和戶卧反〔疏〕注爲其至傷人○正義曰滋味和謂氣味殊異他時可食此時傷人**節耆欲定心氣**微陰扶精不可散也○耆市志反**百官靜事毋刑**罪罰之事不可以聞今月令刑爲徑**以定晏陰之所成**晏安也陰稱安○晏伊見反〔疏〕以定晏陰之所成○正義曰上從君子齊戒以下至無刑以上皆是清靜止息之事以正定身中安陰之所成成就謂初感安陰若不清靜則微陰與人爲病故須定之王肅及蔡氏皆云晏爲以安定陰陽之所成非鄭旨也○**鹿角**

解蟬始鳴，半夏生，木堇榮。又記時候也。半夏，藥草。木堇，王蒸也。○解，戶買反。始，市志反。夏，戶嫁反。堇音謹，一名舜華。蒸，之承反。〔疏〕注木槿至蒸也○正義曰：釋草云：椵，木槿；櫬，木槿。某氏云：別三名，可食，或呼爲日及，亦云王蒸。其花朝生暮落。

○是月也，毋用火南方。陽氣盛，又用火於其方，害微陰也。可以居高明，可以遠眺望，可以升山陵，可以處臺榭。順陽在上也。高明，謂樓觀也。闍者謂之臺，有木者謂之榭。○榭音謝。觀，古喚反。闍音都。〔疏〕注闍者至之榭○正義曰：按釋宮云：闍謂之臺。李巡云：積土爲之，所以觀望。郭景純云：積土四方。又云：無室曰榭。李巡云：但有大殿無室名曰榭。郭景純云：榭，今之堂堭。

○仲夏行冬令，則雹凍傷穀，子之氣乘之也。陽爲雨，陰起脅之，凝爲雹。○雹，步角反。凍，丁貢反。道路不通，暴兵來至。盜賊攻劫，亦雹之類。〔疏〕仲夏至來至○正義曰：雹凍傷穀，天災；道路不通，暴兵來至，人災也。行春令，則五穀晚熟，卯之氣乘之也。生日長。百螣時起其國乃饑螣蝗之屬言百者明衆類並爲害○螣音特食苗葉虫饑居疑反又音機【疏】行春至乃饑○正義曰五穀晚熟天災百螣時起地災其國乃饑人災也行秋令則草木零落酉之氣乘之也八月宿直昴畢爲天獄主殺○零本又作苓音同果實早成生日短民殃於疫大陵之氣來爲害也○殃於良反疫音役【疏】行秋至於疫○正義曰草木零落果實早成地災民殃於疫人災也

季夏之月日在柳昏火中旦奎中季夏者日月會於鶉火而斗建未之辰也【疏】季夏至奎中○正義曰按三統厤六月節日在柳九度昏尾七度中去日一百一十九度旦婁八度中六月中日在張三度昏箕三度中去日一百一十七度旦胃十四度中元嘉厤六月節日在井三十二度昏房四度中旦東壁八度中六月中日在柳十二度昏尾八度中旦奎十二度中其日丙丁其帝炎帝其神祝融其蟲羽其音徵律中林鍾其數

七其味苦其臭焦其祀竈祭先肺林鍾者黃鍾之所生三分去一律長六寸季夏氣至則林鍾之律應周語曰林鍾和展百物俾莫不任肅純恪○去起呂反後放此任音壬又如字恪苦各反〔疏〕注林鍾至純恪○正義曰按律厤志黃鍾長九寸三分去一下生林鍾故林鍾長六寸引周語曰下者證林鍾之義故周語云林鍾和展百物俾莫不任肅純恪按注云坤初六也林衆鍾聚肅速純大恪敬言時務和審百事無有詭詐使莫不任其職事速其功而大敬其職

溫風始至蟋蟀居壁鷹乃學習腐草爲螢皆記時候也鷹學習謂攫搏也夏小正曰六月鷹始摯螢飛蟲螢火也○蟋蟀上音悉下音率腐扶矩反熒本又作螢戶扃反或作腐草化爲螢者非也攫俱縛反一音九碧反摶音博摯音至本亦作鷙同〔疏〕溫風至爲螢○正義曰蟋蟀居壁者此物生在於土中至季夏羽翼稍成未能遠飛但居其壁至七月則能遠飛在野按爾雅釋蟲云蟋蟀蛬也孫炎曰蜻蛚也梁國謂蛬郭景純云今促織蔡以爲蟋蟀斯螽非也○鷹乃學習者於時二陰既起鷹感陰氣乃有殺心學習搏擊之事按鄭志焦氏問云仲秋乃鳩化爲鷹仲春鷹化爲鳩此六月何言

有鷹學習乎張逸荅曰鷹雖爲鳩亦自有真鷹可習矣○腐
草爲螢者腐草此時得暑濕之氣故爲螢不云化者蔡氏云
鳩化爲鷹鷹還化爲鳩故稱化今腐草爲螢螢不復爲腐草
故不稱化○注謂攫至螢火○正義曰攫謂以足取物摶謂
以翼擊物云螢飛蟲者按釋蟲云螢火即炤
李巡云螢火夜飛腹下如火光故曰即炤 ○天子居明
堂右个乘朱路駕赤騮載赤旂衣朱衣服赤
玉食菽與雞其器高以粗 明堂右个南堂西偏也 ○命漁
師伐蛟取鼉登龜取黿 四者甲類秋乃堅成周禮曰秋獻龜魚又曰凡取龜用秋
時是夏之秋也作月令者以爲此秋據周之時也周之八月
夏之六月因書於此似誤也蛟言伐者以其有兵衛也龜言
登者尊之也鼉黿言取羞物賤也鼉皮又可以冒鼓今月令
漁師爲榜人○蛟音交鼉大多反又徒丹反黿音元冒亡報
反榜必孟反 〔疏〕命漁至取黿○正義曰此命漁師及仲夏養壯
佼之等皆是煩細之事或非止一月所爲故不
言是月也故注云四者甲類秋乃堅成明非獨季夏而取○
注周禮至榜人○正義曰引周禮秋獻龜魚是獻人職文又

云凡取龜用秋時是夏之秋也者是龜人職文引之者證作記之人謂此禮是周之秋八月當夏之六月故誤書於此言記之者非也**命澤人納材葦**蒲葦之屬此時柔刃可取作器物也○葦于鬼反刃而愼反

○是月也命四監大合百縣之秩芻以養犧牲令民無不咸出其力四監主山林川澤之官百縣鄉遂之屬地有山林川澤者也秩常也百縣給國養犧牲之芻多少有常民皆當出力爲艾之今月令四爲田○爲艾于僞反下文爲民注爲求福爲其同**以共皇天上帝名山大川四方之神以祠宗廟社稷之靈以爲民祈福**牲以供祠神靈爲民求福明使民艾芻是不虛取也皇天北辰耀魄寶冬至所祭於圜丘也上帝大微五帝○共音恭

〔疏〕命四至祈福○正義曰以四監合其秩芻以共皇天上帝其事既大又異於上故言是月自命婦官至養犧牲故言是月自樹木方盛至則有天殃論禁斷餘事助時生養亦事異於上故言是月自土潤溽暑至土彊論上暑下潤等給之度論黼黻文章給郊廟祭祀之服事異於上帝養犧

糞地爲宜事異於上故復言是月○注四監至爲田○正義曰按周禮有山虞澤虞林衡川衡之官秩芻出於山林又季冬云乃命四監收秩薪柴薪柴亦出於山林川澤云百縣鄉遂之屬地有山林川澤者知百縣非諸侯而云鄉遂之屬以其取芻養牲不可大遠故知是畿內鄉遂仲夏云乃命百縣雩祀百辟卿士者兼外內諸侯也此云鄉遂之屬者不兼公卿大夫之采邑秩常釋詁文云令月令四爲田者令田監大合秩芻義亦通也○注爲民至五帝○正義曰爲民求福者雖是尋常事神因事神之時爲民祈福云是不虛取者若不爲祈福泿使民艾芻是在上虛取民力今還祈福與民民皆蒙福是不虛取民力役使之也云上帝大微五帝者按周禮司服云昊天上帝鄭以爲昊天上帝祇是一神北極耀魄寶也知此皇天上帝不祇是耀魄寶之上帝爲大微者以周禮司服云祀昊天上帝大裘而冕祀五帝亦如之旣別云五帝故知昊天上帝亦唯一神此月令皇天上帝之下更無別五帝之文故分爲二○是月也命婦

官染采黼黻文章必以法故無或差貸　婦官染人也采五色○黼音甫黻音弗差貸音二又他得反〔疏〕命婦至差貸○正義曰於此月之時命掌婦功之官謂染人也

染此五色之采白與黑謂之黼黑與青謂之黻青與赤謂之文赤與白謂之章染此等之物必以舊法故事無得有參差貸變必以此月染之者以其盛暑濕染帛爲宜此是秦法也若周則於夏豫浸治染纁玄之石至秋乃總染五色故染人云夏纁玄秋染夏是也蓋從夏至秋皆得染物周秦各用一時也此云黼黻文章下云黑黃蒼赤互相備也○注婦官至五色○正義曰按周禮婦官有典婦功典枲染人等此據染采故爲染人采五色者鄭注皐陶謨曰采施曰色未用謂之采已用謂之色此對文耳散則通

黑黃倉赤莫不質良毋敢詐僞

質正也良善也所用染者當得真采正善也

以給郊廟祭祀之服以爲旗章以別貴賤等給之度

旗章旌旗及章識也○別彼列反旗音其識申志反及如字

【疏】注旗章至章識○正義曰旌旗者則周禮司常九旗是也章識者則周禮事名號故司常云官府象其事州里象其名家象其號鄭注引士喪禮以緇廣三寸長半幅赬末長終幅詩織文鳥章是也○

是月也樹木方盛乃命虞人入山行木毋有斬伐

爲其未堅刃也○行下孟反不可以興土功不可以合諸侯不可以起兵動衆土將用事氣欲靜【疏】注土將用事氣欲靜○正義曰土雖寄王四季但南方火生中央土土生西方金金火之間位當建未之月故云土將用事氣欲靜也毋舉大事以搖養氣大事興徭役以有爲○徭役音遥毋發令而待以妨神農之事也發令而待謂出繇役之令以預驚民也民驚則心動是害土神之氣土神稱曰神農者以其主於稼穡【疏】毋發至之事○正義曰發令者發動徵名之令也而待者謂時未順而豫動名以待後時乃使也以妨神農之事者解所以不豫發令也神農者土神也爾時土神用事若逆令名民民驚心動是妨土神之氣事也○注土神至稼穡○正義曰土神能吐生萬物成其農事故曰神農知土主稼穡者尚書洪範云土爰稼穡孔傳曰種曰稼斂曰穡蔡氏云神農則炎帝非鄭義也水潦盛昌神農將持功舉大事則有天殃言土以受天雨澤安靜養物爲功動之則致害也孝經說曰地順受澤謙虛開

張含泉任萌滋物歸中 疏 水潦至天殃○正義曰六月主未未有東井東井是水故六月而水潦盛昌也神農將持功者神農猶土神也土地本受天雨澤水潦以爲生養之功此月多水故土神方得將持功也○舉大事則有天殃者神農方持功若人君有舉大事于養氣者非唯神農罪之則天亦殃罰之也犯土而天罰之者地受天澤得以含養今若干地則是干天也○注言土至歸中○正義曰解所以犯天殃之義也云動之則致災害者若動地則致天災害是地功由天也云孝經說曰地順受澤謙虛開張者引孝經說證地受天澤爲成已功也地體卑順故受天之雨澤而體得謙虛開張也云含泉任萌滋物歸中者亦孝經說也既謙虛開張故能含於水泉任萌一切之物並滋繁而歸地中也 ○

是月也土潤溽暑潤溽謂塗溼也○辱如字本或作溽音同濕也大雨時行燒薙行水利以殺草如以熱湯薙謂迫地芟草也此謂欲稼萊地先薙其草草乾燒之至此月大雨流水潦畜於其中則草死不復生而地美可稼也薙人掌殺草職曰夏日至而薙之又曰如欲其化也則以水火變之○薙他計反又直履反芟所銜反萊音來畜勑六反復扶又反夏日人一反 疏 大雨

至熱湯○正義曰六月建未未值井井主水大雨時行士既潤辱又大雨應時行也不云降降止是下耳欲言其流義故云行行猶遍彼[illegible][illegible]云大雨時行行降也從土潤以下皆爲下句燒薙謂迫地芟除草名也周禮立其官使除田草也五月夏至芟殺暴之至六月合燒之故云燒薙也行水者其時也大雨時行行於所燒田中仍瀦遏蓄之以漬燒薙故云行水也○利以殺草者利益也先芟後燒又蓄水漬之即草根爛死是利益得殺田中之草也如以熱湯者日暴水於爛草田中水熱而沸。沸如熱湯漬之也○注薙人至變之○正義曰引薙人證芟草時節按薙氏云春始生而萌之夏日至而夷之秋繩而芟之冬日至而耜之杜子春云萌謂耕反其萌牙康成云萌之者以茲其所其生者夷之以鉤鎌迫地芟之也若今取茭。芟含實曰繩芟其繩則實不成孰耜之以耜測凍土刬之按皇氏云夷音薙繩音孕云又曰如欲其化則以水火變之者謂先以火焚燒其草在後以水浸漬之變此可瘠地爲肥故云水火變之先火後水而云水火者便言也

以糞田疇可以美土彊土潤溽膏澤易行也糞美互文耳土彊強糵之地○糞方問反彊其丈反注同易以豉反強其兩反糵好覽反〔疏〕可以至土彊○正義曰於此月之中又可行以下二事也

糞壅苗之根也蔡云穀田曰田麻田曰疇言爛草可以糞田使肥也可以美土彊者彊者彊槩磊磈難耕之地此月亦可止水潰之乃壅糞之使田美也○注土潤至之地○正義曰土潤辱則土之膏澤易行故可糞美之使肥易也蔡前云從土潤以下皆爲下句是與鄭相合也云糞美互文耳者亦可以美田疇可以糞土彊故言互文也云土彊強槩之地者強是不軟槩是罅闕也並謂磥礰磊磈之地也草人職云彊槩用蕡彊槩強堅者也

○季夏行春令則穀實鮮落國多風欬辰之氣乘之也未屬巽辰又在巽位二氣相亂爲害○鮮音仙又仙典反欬苦代反民乃遷徙象風轉移物也

〔疏〕○季夏至遷徙○正義曰穀實鮮落謂鮮少墮落由風多故也或云以夏名春氣初鮮絜而逢秋氣蕭殺故穀鮮絜而墮落也此地災也國多風欬此是天災也民乃遷徙是人災也○注未屬巽○正義曰按易林云震主庚子午巽主辛丑未坎主戊寅申離主己卯酉艮主丙辰戌兌主丁巳亥是未屬巽也

行秋令則丘隰水潦戌之氣乘之也九月宿直奎奎爲溝瀆溝瀆與此月大雨并而高下皆水禾稼不熟傷於水也乃多女災含任

之類敗也〔疏〕上隰至女災。正義曰上隰水潦及禾稼不熟此地災也以其水氣多故也乃多女災人災也亦為水傷含在也

行冬令則風寒不時丑之氣乘之也**鷹隼蚤鷙**得疾厲之氣也。隼息允反蚤鷙上音早下音至亦作鷙擊也**四鄙入保**象鳥雀之走竄也都邑之城曰保。竄七亂反〔疏〕風寒至入保。正義曰以丑未屬巽十二月建丑得巽之氣故為風又建丑之月大寒中故多風寒此天災也。鷹隼蚤鷙季夏地氣殺害之象地災也

中央土火休而盛德在土也。央於相反〔疏〕中央土。正義曰夫四時五行同是天地所生而四時是氣五行是物氣是輕虛所以麗天物體質礙所以屬地四時係天年有三百六十日則春夏秋冬各分居九十日五行分配四時布於三百六十日間以木配春以火配夏以金配秋以水配冬以土則每時輒寄王十八日也雖每分寄而位本末宜處於季夏之末金火之間故在此陳之也**其日戊己**戊之言茂也已之言起也日之行四時之間從黃道月為之佐至此萬物皆枝葉茂盛其含秀者抑屈而起故因以為日名焉〔疏〕其日戊己。正義曰雖處

於夏末而實爲四行之主不可沒其生用之功故因亦爲日名也○注日之至之佐○正義曰按考靈耀春則星辰西遊日謂星辰在黃道之西遊也日依常行在黃道之東至季春之月星辰入黃道復其正處日依黃道而行是春夏之間日從黃道夏則星辰北遊謂星辰在黃道之北遊也日依常行在黃道之南至季夏星辰入黃道復正位日依常行黃道至夏秋之間日從黃道也秋則星辰東遊謂星辰在黃道東遊日依常行在黃道之西至季秋星辰入黃道還復正位日依黃道而行至秋冬之間日從黃道也冬則星辰南遊謂星辰在黃道南遊日依常行在黃道之北至季冬星辰入黃道還正位日依常行黃道至冬春之間日從黃道也鄭注洪範云四時之間合於黃道也月之行道與日同故云月爲之佐也

其帝黃帝其神后土 此黃精之君土官之神自古以來著德立功者也黃帝軒轅氏也后土亦顓頊氏之子曰黎兼爲土官

【疏】注后土至土官○正義曰按昭二十九年左傳云顓頊氏有子曰犂爲祝融共工氏有子曰句龍爲后土后土爲土官知此經后土非句龍而爲犂者以句龍初爲后土後轉爲社后土官闕犂則兼之故鄭注大宗伯云犂食於火土以宗伯別云社稷又云五祀句龍爲社神則不得又爲五祀故云犂兼也 其

蟲倮象物露見不隱藏虎豹之屬恒淺毛○倮力果反又乎瓦反見賢遍反〔疏〕注象物至淺毛○正
義曰大戴禮及樂緯云鱗蟲三百六十龍爲之長羽蟲三百
六十鳳爲之長毛蟲三百六十麟爲之長介蟲三百六十龜
爲之長倮蟲三百六十聖人爲之長云象物露見不隱藏者
案仲夏云可以居高明可以處臺榭至六月土王之時物轉
盛大露見不隱藏也云虎豹之屬恒淺毛者諸鄭之所云皆
象四時之物與鱗羽毛介相似者言之不取五靈之長故中
央不言人西云狐貉之屬東方兼
言蛇北方兼言龍是不取五靈也其音宮聲始於宮宮數八十一屬土者
以其最濁君之象也季夏之氣和則
宮聲調樂記曰宮亂則荒其君驕〔疏〕注聲始至之象○正義曰按律麻志
五聲始於宮陽數極於九九九相乘故數八十
一以五聲中最尊故云以其最濁君之象也律中黃鍾之宮黃鍾之宮最長也十二律轉相生五聲具終於六十焉季夏之氣至則黃鍾之宮應禮運曰五聲六
律十二管還相爲宮〔疏〕律中至之宮○正義曰黃鍾之宮於諸宮爲長季夏土王其聲最重謂土之聲氣應此黃
鍾之宮聲非黃鍾一聲也故特云律中者黃鍾之宮也黃鍾
候氣之管本位在子此是黃鍾宮聲與中央土聲相應但土

無候氣之法取黃鍾宮聲以應土耳非候氣也故賀瑒云黃鍾是十一月管何緣復應此月正以土義居中故虛設律於其月實不用候氣也十二律互相爲宮據律主言之也崔靈恩云凡陰陽之管合有十二律律各爲一調迭相爲宮而生五聲合而成樂黃鍾宮最長爲聲調之始十二宮之主宮音者是五音之長故與黃鍾之調宮聲相應此論宮聲相應非論候此月氣之相應是以注云季夏氣至則黃鍾之宮應不直云黃鍾之律應也然則直言律應不言宮者明主爲所候之氣應也直言律中黃鍾之宮不言律應者明謂中央土聲與黃鍾爲宮音相應非爲氣應也故鄭引禮運云迭相爲宮以證之也四時之律皆取氣應而土王之律獨取聲應者一者欲與四行爲互二者爲無別候土氣之管故也土無候氣之管者以寄王四季之末故從四時之管而不別候也唯以四行木十八日爲土之氣也蔡氏及熊氏以爲黃鍾之宮謂黃鍾少宮也半黃鍾九寸之數管長四寸五分六月用爲候氣按六月林鍾之律長六寸七月夷則長五寸三分有餘何以四寸五分之律於六月候之乎又土聲最濁何得以黃鍾半聲相應乎蔡熊之說非也○注黃鍾至爲宮○正義曰不云黃鍾律最長而云黃鍾之宮最長者唯黃鍾宮聲於諸宮最長故云之宮也云十二律轉相生五聲具終於六十者故○

黃鍾之調均則黃鍾爲宮黃鍾生林鍾爲徵林鍾生大蔟爲商大蔟生南呂爲羽南呂生姑洗爲角此是黃鍾一調之五聲凡十二律律各有五聲則揔有六十聲故云終於六十聲至禮運更具詳之云季夏氣至則黃鍾之宮應者謂季夏土聲與黃鍾之宮聲相應以其非實候氣故不云黃鍾之律應或本云律應者誤也引禮運還相爲宮者證所明十二律循環爲宮聲調則具而此經得黃鍾之宮

其數五土生數五成數十但言五者土以生爲本**其味甘其臭香**土之臭味也凡甘香者皆屬之**其祀中霤祭先心**中霤猶中室也土主中央而神在室古者複穴是以名室爲霤云祀之先祭心者五藏之次心次肺至此心爲尊也祀中霤之禮設主於牖下乃制心及肺肝爲俎其祭肉心肺肝各一他皆如祀戶之禮○霤力又反複方服反藏才浪反

〔疏〕注中中霤至之禮○正義曰鄭意言中霤猶中室乃是開牖象中霤之取明則其地不當棟而在室之中央故喪禮云浴於中霤飯於牖下明中霤不關牖下也土主中央而神在室者所以必在室中祭土神之義也土五行之主故其神在室之中央也是明中霤所祭則土神也故杜注春秋云在家則祀中霤在野則爲社也又郊特牲云家主中霤而國主社社神亦

中霤神也云古者復穴是以名室爲霤云者解所以謂室中爲中霤之由也古者謂未有宫室之時也復穴者謂窟居也古者窟居隨地而造若平地則不鑿但累土爲之謂之爲複言於地上重複爲之也若高地則鑿爲坎謂之爲穴其形皆如陶竈故詩云陶復陶穴是也故毛云陶其土而復之陶其壤而穴之鄭云復者復於土上鑿地曰穴皆如陶然故庾蔚云復謂地上累土謂之穴則穿地也復穴皆開其上取明故雨霤之是以後因名室爲中霤也云祀之先祭心者五藏之次心次肺至此心爲尊也云祀中霤之禮設主於牖下者開牖象霤故設主於牖下也五祀皆先席於室之奥此不言者前祀戶注已備言也此別設主當廟室牖內之下而北嚮也云乃制心及肺肝爲俎其祭肉心肺肝各一他皆如祀戶之禮者亦祭竟徹之更陳鼎俎迎尸如祭戶也

天子居大廟大室乘大路駕黃騮載黃旂衣黃衣服黃玉食稷與牛其器圜以閎

大廟大室中央室也大路殷路也車如殷路之制而飾之以黃稷五穀之長牛土畜也器圜者象土周帀於四時閎讀如紘紘謂中寬象土含物○圜音于權反閎音宏長丁丈反畜呼又反下金畜同【疏】

注大廟至含物○正義曰按考工記云周人明堂東西九筵南北七筵凡室二筵則五室並皆二筵無大小也今中央室稱大室者以中央是土室土爲五行之主尊之故稱大以夏之世室則四旁之室皆南北三步東西三步三尺中央土室南北四步東西四步四尺則周之明堂亦應土室在中央大於四角之室也但文不具耳云大路殷路者明堂位文也形制似殷之路者但服色尚黃飾之黃耳四時用鸞路此用大路者以土五行之主故取尊大之名乘殷之大路又尚質之義春有青蒼兩色夏有朱赤二色此及秋惟有黃白不更加他色者黃與白更無餘色相涉故不言之耳牛土畜者按易乾爲馬坤爲牛又五行傳云思之不睿則有牛禍是牛屬土也云器圜者象土周匝於四時者方則有所不足圜則無所不覆故云象土周匝於四時云閎讀如紘紘謂中寬者祭義云天子冕而朱紘故讀從此紘謂組上屬於冕屈從頤下度而還上屬於冕以中央寬緩象土之含物也故云中寬象土含物也

孟秋之月日在翼昏建星中旦畢中 孟秋者日月會於鶉尾而斗建申之辰也 疏 孟秋至畢中○正義曰按三統厤七月節日在張十八度昏斗四度中去日一百一十四

度旦畢八度中七月中日在翼十五度昏斗十六度中去日
一百一十一度旦井初度中元嘉麻七月節日在張五度昏
箕二度中旦胃二度中七月中日在
翼十○度昏斗三度中旦昴七度中
其日庚辛庚之言更也辛之言
新也日之行秋西從白道成熟萬物月爲之佐
萬物皆肅然改更秀實新成又因以爲日名焉其帝少
皞其神蓐收此白精之君金官之臣自古以來著德立
功者也少皞金天氏蓐收少皞氏之子曰
該爲金官○少詩召反注下
放此少皞黃帝之子蓐音辱〈疏〉注少皞至金官○正義曰案此
秋云其帝少皞在西方金
位左傳昭元年云昔金天氏有裔子曰昧爲玄冥師生允格
臺駘稱金天氏與少皞金位相當故少皞則金天氏也又帝
王世紀少皞帝號曰金天氏云少皞氏之子曰該爲金官者
按左傳昭二十九年蔡墨云少昊氏之子該又云該爲蓐收
是爲金神佐少皞於秋蓐收
者言秋時萬物摧辱而收斂其蟲毛象物應涼氣而備寒
狐貉之屬生旃毛也
○應應對之應貉戶各
反依宇作貊旃之然反其音商三分徵益一以生商商數
七十二屬金者以其濁次
宮臣之象也秋氣和則商聲調樂記
曰商亂則陂其官壞○陂彼義反〈疏〉注三分至官壞○
正義曰按律麻志

云徵數五十四三分之則一分有十八今於徵數五十有四
更加十八是商數七十二也凡五聲濁者尊清者卑爲商聲
之濁次於宮宮既爲君商則爲臣故云以其濁次宮臣之象
也引樂記云者證商爲臣之義云商亂則陂者謂商聲雜亂
感動人心令情性傾陂情
既不正是以官司敗壞也**律中夷則**孟秋氣至則夷則之律應夷則者大
呂之所生也三分去一律長五寸七百二十九分寸之
四百五十一周語曰夷則所以詠歌九則平民無貳
【疏】注夷則至無貳○正義曰大呂長八寸二百四十二分寸之
一百四三分去一下生夷則故夷則律長五寸七百二十九
分寸之四百五十一也六寸去二寸餘有四寸在又大呂一
寸爲二百四十三分今每寸更三分之則一寸爲七百二十
九分兩个整寸揔有一千四百五十八分其大呂二百四十
三分寸之一百四每又三分之此一百四爲三百一十二分
益前一千四百五十八則揔爲一千七百七十分下生三分
去一分作三分則每一分得五百九十去其一分五百九十
餘有一千一百八十在是其積分以七百二十九分爲一寸
益前四爲五寸餘有四百五十一分在故云夷則律長五寸
七百二十九分寸之四百五十一也引周語以下者證夷則
之義按周語注云乾九五用事夷平則法也言法度平故可

詠歌九功之法于民使不貸也其數九金生數四成數九但言九者亦舉其成數其味辛其臭腥金之臭味也凡辛腥者皆屬焉其祀門祭先肝秋陰氣出祀之於門外陰也祀之先祭肝者秋爲陰中於藏直肝肝爲尊也祀門之禮北面設主於門左樞乃制肝及肺心爲俎奠于主南又設盛于俎東其他皆如祭竈之禮

〈疏〉注祀之至之禮○正義曰云祀之先祭肝者秋爲陰中於藏值肝者以陰氣始於五月終於十月其七月八月爲陰之中故云秋爲陰中其陽氣始於十一月終於四月正月二月爲陽中故正月云春爲陽中然陰中之時兼有陽陽中之時兼有陰亦是陰陽之中也今五藏肺最在前心次之肝次之脾次之腎爲後肝在心肺之下脾腎之上故云於藏值肝然脾在肺心肝之下腎之上則是上有肺心肝下唯有腎不當其中而云春爲陽中於藏值脾者但五行相次水則次木故春繼於冬腎後則次脾其火後則次土土後乃次金故秋不得繼夏由隔於土由此脾不得繼肺隔於心也爲此肝之上有肺有心脾之下唯有腎俱得爲藏之中也云北面設主於門左樞者謂廟門外左樞北面以在門外故主得南嚮而北面設之云乃制肝及肺心爲俎奠于主南設盛於俎東者皆約中霤禮文也其他皆如

祭竈之禮也。謂祭心肺肝各一及祭醴三并設席於奧迎尸之屬也○涼風至白露降寒蟬鳴鷹乃祭鳥用始行戮皆記時候也寒蟬寒蜩謂蜺也鷹祭鳥者將食之示有先也既祭之後不必盡食若人君行刑戮之而已○戮音六蜩大彫反蜺五兮反寒螿

【疏】注寒蟬至而已正義曰按釋蟲云蜺寒蜩郭景純云寒螿也似蟬而小青赤云鷹祭鳥者將食之示有先者謂鷹欲食鳥之時先殺鳥而不食與人之祭食相似猶若供祀先神不敢即食故云示有先也云既祭之後不必盡食若人君行刑戮之而已者以經用始行戮不據事以經唯記時候謂鷹祭鳥之後殺鳥不必盡食猶若人君行刑但戮之而已以人君行戮明鷹之殺言鷹於此時始行戮鳥之事○天子居總章左个乘戎路駕白駱載白旂衣白衣服白玉食麻與犬其器廉以深總章左个大寢西堂南偏戎路兵車也制如周革路而飾之以白白馬黑鬣曰駱麻實有文理屬金犬金畜也器廉以深象金傷害物入藏○總子孔反駱音洛鬣音獵本亦作髦音毛又一本作旄毛也○是月也

以立秋先立秋三日大史謁之天子曰某日立秋盛德在金謁告○先悉薦反天子乃齊立秋之日天子親帥三公九卿諸侯大夫以迎秋於西郊還反賞軍帥武人於朝迎秋者祭白帝白招拒於西郊之兆也軍帥諸將也武人謂環人之屬有勇力者○帥於類反下同本或作帥注放此朝直遥反拒音矩將子匠反下同天子乃命將帥選士厲兵簡練桀俊專任有功以征不義征之言正也伐也詰誅暴慢以明好惡順彼遠方詰謂問其罪窮治之也順猶服也○詰去吉反好惡並如字上呼報反下烏路反是月也命有司脩法制繕囹圄具桎梏禁止姦慎罪邪務搏執順秋氣政尚嚴○繕市戰反邪似嗟反搏音博命理瞻傷察創視

折理治獄官也有虞氏曰士夏曰大理周曰大司寇創之淺者曰傷○創初良反注同審斷決獄訟必端平端猶正也○審斷決丁亂反下同蔡徒管反一讀絕句決字下屬戮有罪嚴斷刑天地始肅不可以贏肅嚴急之言也贏猶解也○贏音盈注同解古賣反是月也農乃登穀天子嘗新先薦寢廟黍稷之屬於是始熟〈疏〉是月至寢廟○正義曰按仲秋云以犬嘗麻今不云牲者皇氏云不云牲記文畧也命百官始收斂順秋氣收斂物完隄坊○謹壅塞以備水潦備者備八月也八月宿直畢畢好雨○完胡官反隄本又作堤丁兮反防本又作坊音房壅於勇反好呼報反脩宮室坏牆垣補城郭象秋收斂物當藏也○坏步回反垣音袁是月也毋以封諸侯立大官毋以割地行大使出大幣古者於嘗出田邑此其月也而禁封諸侯割地失其義○使疏吏反〈疏〉注古者至其義○正

義曰按祭統古者於嘗也出田邑嘗謂秋祭於此嘗祭之時王者割出田邑以與諸侯今正是嘗祭之月而禁封諸侯及割地之事故云失其義也鄭唯偏云不封諸侯及割地失其義則毋立大官毋行大使毋出大幣爲得禮以其收斂之月故也○**孟秋行冬令則陰氣大勝**亥之氣乘之也**介蟲敗穀**介甲也甲蟲屬冬敗穀者稻蟹之屬○介音界注同蟹胡買反**戎兵乃來**十月宿直營室營室之氣爲害也營室主武事【疏】孟秋至乃來○正義曰陰氣大勝天災介蟲敗穀地災戎兵乃來人災也○注介甲至之屬○正義曰按越語云越伐吳吳王使王孫雄請成於越越王欲許之范蠡不許王孫雄謂范蠡曰先人有言曰無助天爲虐助天爲虐者不祥今吳稻蟹無遺種子將助天爲虐乎注稻蟹謂蟹食稻也○注營室至武士○正義曰按元命包云營室星十六度主軍之糧是主武事也**行春令則其國乃旱**寅之氣乘之也雲雨以風除也**陽氣復還五穀無實**陽氣能生而不能成○復還扶又反下音環又音旋【疏】其國至無實○正義曰其國乃旱陽氣復還天災也五穀無實地災也**行夏令則**

國多火災（巳之氣乘之也）寒熱不節民多瘧疾（瘧疾寒熱所爲也今月令瘧疾爲疾疫○瘧魚略反）〔疏〕國多至瘧疾○正義曰國多火災寒熱不節天災也民多瘧疾人災也

仲秋之月日在角昏牽牛中旦觜觿中（仲秋者日月會于壽星而斗建酉之辰也○觜子斯反又子髓反觿戶圭反又戶規反）〔疏〕仲秋至觿中○正義曰三統厤八月節日在軫十二度昏斗二十六度中去日一百六度旦井二度中八月中日在角十度昏女三度中去日一百六度旦井二十一度中按元嘉厤八月節日在翼十七度昏斗十四度中旦畢十六度中八月中日在軫十五度昏斗二十四度中旦井九度中

其日庚辛其帝少皞其神蓐收其蟲毛

其音商律中南呂其數九其味辛其臭腥其祀門祭先肝（南呂者大蔟之所生三分去一律長五寸三分寸之一仲秋氣至則南呂之律應周語曰南呂者贊陽秀物）〔疏〕注南呂至秀物○正義曰大蔟長八寸三分去一下生南呂三寸去一寸六寸去二

寸得四寸又有整二寸在分一寸作三分二寸爲六分更三分去一餘有四分在以三分爲一寸益前四寸爲五寸仍有一分在故云南呂律長五寸三分寸之一也引周語曰以下者證南呂之義按周語注坤六二也南任也陰任陽事助成萬物贊佐也陰佐陽秀成物也

○盲風至鴻鴈來玄鳥歸羣鳥養羞

皆記時候也盲風疾風也玄鳥燕也歸謂去蟄也凡鳥隨陰陽者不以中國爲居羞謂所食也夏小正曰九月丹鳥羞白鳥說曰丹鳥也者謂丹良也白鳥也者謂閩蚋也其謂之鳥者重其養者也有翼爲鳥養也者不盡食也二者文異羣鳥丹良未聞孰是○盲亡庚反閩音文依字作蝱又作蚊蚋人鋭反又如悅反養餘亮反下同

【疏】注盲風至孰是○正義曰盲風疾風者皇氏云秦人謂疾風爲盲風玄鳥鷰者釋鳥文玄鳥歸爲仲秋之候玄鳥至不爲仲春之候由別與郊禖爲候或可仲春時候非一故記時候之中不載玄鳥云凡鳥隨陰陽者不以中國爲居者凡鳥鴻鴈之屬也故季秋云鴻鴈來賓言來賓是不以中國爲居皇氏之說即兼云玄鳥以其稱歸故也然玄鳥之蟄不遠在四夷而云不以中國爲居者他物之蟄近在本處今玄鳥之蟄雖不遠在四夷必於幽僻之處非中國之所常見故云不以中國

爲居也云羞謂所食者按夏小正云羞者進也若食之珍羞相似故云羞謂所食者也云夏小正曰九月丹鳥羞白鳥者今按大戴禮八月丹鳥羞白鳥今云九月者鄭所見本異也丹鳥以白鳥爲珍羞故云丹鳥羞白鳥云說曰丹鳥也者以下至不盡食皆小正文白鳥也者謂閩蚋也其謂之鳥者重其所養者丹良是蟲乃謂之鳥是重其所養之物不盡食之雖蟲而爲鳥也但未知丹良竟是何物皇氏以爲丹良是螢火今按爾雅釋蟲郭氏等諸釋皆不云螢火是丹良未聞皇氏何所依據云二者文異羣鳥丹良未聞孰是者月令云羣鳥養羞夏小正云丹鳥羞白鳥是二者文異月令云羣鳥夏小正說者云丹良故云羣鳥丹良未聞孰是

○天子居總章大廟乘戎路駕白駱載白旂衣白衣服白玉食麻與犬其器廉以深總章大廟西堂當大室也○是月也養衰老授几杖行糜粥飲食助老氣也行猶賜也○糜亡皮反粥之六反字林羊六反○乃命司服具飭衣裳文繡有恒制有小大度有長

短此謂祭服也文謂畫也祭服之制畫衣而繡裳○飭丑力反後放此衣服有量必循其故此謂朝燕及他服凡此爲寒益至也詩云七月流火九月授衣於是作之可也○量音量下度量同朝直遥反爲于僞反下爲民同冠帶有常因制衣服而作之也○乃命有司申嚴百刑斬殺必當毋或枉橈枉橈不當反受其殃申重也當謂值其罪○當丁浪反下不當及注同枉紆往反橈女教反又乃絞反字林作撓非重直用反

〔疏〕是月至其殃○正義曰此論養老及制衣服之事皆此月所爲故言是月所命有司斬殺必當雖異衣服養老但此事起孟秋此月申嚴而已故附於養老衣服之下不更別言是月也自乃命祝宰至先薦寢廟論循行犧牲享祭上帝并難以達秋氣大以嘗麻揔是祠祀之事事異於上故言是月自可以築城郭至行罪無疑論築造城邑收斂積聚勸課種麥爲農爲民亦事異於上故云是月自日夜分至角斗甬論晝夜旣等齊平度量又事異於前故言是月自易關市至愼因其類論秋物新成使民財豐備無逆于天有順於時亦事異於前故言是月○注此謂至繡裳○正義曰此云文

繡又下文別云衣服有量故鄭知此經謂祭服也經云具飭衣裳飭謂正也言備具正理衣裳云文謂畫也者以經文與繡相對祭服裳繡而衣畫故以文爲畫也云祭服之制畫衣而繡裳者按尚書咎繇謨云予欲觀古人之象日月星辰山龍華蟲作會是衣畫也宗彝藻火粉米黼黻絺繡是裳繡也畫色輕故在衣以法天繡色重故在裳以法地也○衣服有量必循其故○正義曰此朝燕等之衣服小大長短及制度采色皆有度量必因循故法也不得別更改造此云循其故上云文繡有恒恒則故也但上是祭服委曲言之○注此謂至之可○正義曰上是祭服故知此是朝燕也及他服者謂戰伐田獵等之服引詩七月流火者證寒之益至故作衣服此詩是豳風周公所作周公因管蔡流言遂陳先公居豳施化之事言七月之時火星西流九月之時當授民以衣服○注中重至其罪○正義曰申重也釋詁文云當謂值其罪者言斷決罪人之時必須當值所犯之罪經云枉橈不當枉謂違法曲斷橈謂有理不申應重乃輕應輕更重是其不當也

○是月也乃命宰祝循行犧牲視全具案芻豢瞻肥瘠察物色必比類量小大視長短皆

中度五者備當上帝其饗於鳥獸肥充之時宜省羣牲也宰祝太宰大祝主祭祀之官也養牛羊曰芻犬豕曰豢五者謂所視也所按也所瞻也所察也所量也此皆得其正則上帝饗之上帝饗之而無神不饗也○行下孟反芻初俱反草也豢音患養也以所食得名瞻音占瘠在亦反中丁仲反〔疏〕乃命至其饗○正義曰此月鳥獸肥充因宜省視故命之循行犧牲以下之事也○視全具者亦宰祝所視也下皆然王肅云純色曰犧體完曰全○按芻豢者食草曰芻食穀曰豢皆按行之也瞻肥瘠者瞻亦視也肥充也瘠瘦也○察物色者物色騂黝之別也周禮陽祀用騂陰祀用黝望祀各以其方之色也○必比類者已行故事曰比品物相隨曰類五方本異其色是比也大皞配東亦用青是其類也○量小大者大謂牛羊豕成牲者小謂羔豚之屬也○視長短者謂天地之牛角繭栗宗廟之牛角握之屬也○五者備當上帝其饗者上帝天也若事事當法則天神饗之也○注宰祝至曰豢○正義曰按周禮大宰職祀五帝則掌百官之誓戒及執事眂滌濯及納亨贊王牲事故鄭知此視牲由大宰云養牛羊曰芻犬豕曰豢者按充人云祀五帝繫於牢芻之三月是牛羊曰芻按樂記云豢豕爲酒周禮犬人云掌豢祭祀之犬是犬豕

曰
粲

〇天子乃難以達秋氣此難難陽氣也陽暑至此不衰害亦將及人所以及人者陽氣左行此月宿直昴畢昴畢亦得大陵積尸之氣氣佚則厲鬼亦隨而出行於是亦命方相氏帥百隸而難之王居明堂禮曰仲秋九門磔禳以發陳氣禦止疾疫〇難乃多反注同

〔疏〕注此難至疾疫〇正義曰季冬及季春難皆難陰氣也恐此亦難陰氣故云難陽氣言陽氣至此不衰害亦將及人也秋涼之後陽氣應退至此不退是涼反熱故害及於人云亦將及人者亦謂對季春言季春之時陰氣右行日在昴畢之間得大陵積尸之氣故爲災今此月陽氣左行至於昴畢亦得大陵積尸之氣故云亦將及人云陽氣左行此月宿直昴畢者以天左旋星辰與斗建循天而行此月斗建在酉酉是昴畢本位故云宿直昴畢也其八月合昏之時斗柄建指昴畢本位其昴畢之星於時在寅云氣佚則厲鬼隨而出行者大陵既爲積尸秋時又得陽氣增益疾病應氣相感故厲鬼隨而出行云亦命方相氏者亦季冬以周禮季冬命方相氏故云亦也引王居明堂禮者證仲秋難義云以發陳氣者謂秋時涼氣新至發去陽之陳氣防禦禁止疾疫之事也既引明堂禮仲秋九門磔禳則此亦磔禳也但文不備耳季冬云大難明九門磔禳季冬稱大則貴賤皆爲也

季春云國難熊氏云唯天子諸侯有國爲難此云天子乃難唯天子得難以其難陽氣陽是君象則諸侯以下不得難陽。氣也按陰氣陽氣至大陵俱致積尸疫氣按十一月陽氣至于危虛而不難十二月陰氣至于虛危而爲難者以十一月陽氣初起未能與陰相競故無疫疾可難六月宿直柳鬼陰氣至微陰始動未能與陽相競故無疾害可難也季冬亦陽初起而爲難者以陰氣在虛危又是一歲之終總陰疫氣故爲難也其磔。禳之牲按小司徒職云小祭祀奉牛牲又牧人。凡毀事用駹。可也是則用牛也羊人云凡沈辜侯禳共其。牲犬人云凡幾珥沈辜用駹。可也雞人云面禳共其雞牲。則用羊用犬用鷄也蓋大難用牛其餘雜。犬者用羊用犬小者用雞此皆熊氏之說也

○以犬嘗麻先薦寢廟麻。始熟也○是月也可以築城郭建都邑穿竇窖脩囷倉爲民將入物當藏也穿竇窖者入地隋曰竇方曰窖王居明堂禮曰仲秋命庶民畢入于室曰時殺將至毋罹其災○竇音豆窖古孝反囷丘倫反隋他果反謂狹而長【疏】注隋曰至其災○正義曰隋者似方非方似圓非圓以其名竇與窖相似故云隋曰竇方曰窖者竇既爲隋圓故以窖爲方也引王

居明堂禮證此月築城郭建都邑之意云殺氣將至無羅其災者於此仲秋之時戒勑於民曰此時殺害氣將欲至民當入室無在田野羅被其災按豳詩十月之後云嗟我婦子曰爲改歲入此室處此仲秋已入室者但仲秋之時耘鋤旣了暫時入室以避陰災未盡成熟須出野收 ○乃命有司斂至十月之後又入室避寒所以不同

趣民收斂務畜菜多積聚 始爲禦冬之備○趣七住反本又作趨又七錄反務畜丑六反

乃勸種麥毋或失時其有失時行罪無疑 麥者接絶續乏之穀尤重之

疏 注麥者至重之○正義曰前年秋穀至夏絶盡後年秋穀夏時未登是其絶也夏時人民糧食闕短是其乏也麥乃夏時而熟是接其絶續其乏也尤重之者以黍稷百穀不云勸種於麥獨勸之是尤重故也蔡氏云陽氣初胎於酉故八月種麥應時而生也

○是月也日夜分雷始收聲蟄蟲坏戶殺氣浸盛陽氣日衰水始涸 又記時候也雷始收聲在地中動內物也坏益也蟄蟲益戶謂稍小之也涸竭也此甫八月中雨氣未止

而云水竭非也。周語曰：辰角見而雨畢，天根見而水涸。又曰：雨畢而除道，水涸而成梁。辰角見九月本也，天根見九月末也。王居明堂禮曰：季秋除道致梁，以利農也。○天根見注：雷始坏，音陪。浸，子鴆反。涸，戶各反。見，賢遍反，下同。

【疏】至利農　正義曰：知動內物者，以雷是陽氣，主於動，不惟地中潛伏而已。至十一月一陽初生，震下坤上，復卦用事，震爲動，坤爲地，是動於地下。是從此月爲始，故云動內物也。云蟄蟲益戶稍小之者，戶謂穴也，以土增益穴之四畔，使通明處稍小。所以然者，以陰氣將至，此以坏之稍小，以時氣尚溫，猶須出入，故十月寒甚乃閉之也。此云此甫八月中雨氣未止，而云水竭非也者，甫，始也，以雨畢在九月之初，今此始八月之中，對九月爲始。八月宿直昴畢，畢星主雨，故云雨氣未止，今言水竭非也。引周語以下者，證九月水始涸，不得在八月也。云辰角見而雨畢，注云：辰角，大辰蒼龍之角，角星名。見者，朝見東方，穀氣日盛，雨氣盡也。云天根見而水涸者，注云：天根，亢氐之間，謂寒露雨畢之後五日，天根朝見，水潦盡竭。又云雨畢而除道，水涸而成梁者，以國語上文既云水涸，下又云水畢除道，故云。又曰所以除道治梁者，國語注：治道所以便行旅遞也；成梁所以使民不涉，皆國語文。云辰角見九月本，天根見九月末，此鄭之言也。九月本謂九月之初也。按律厤志角十二度亢九度天根在亢之後辰角與天根相去二十一度餘日校一度則九月本與九月末相去二十一日有餘也而韋昭注國語辰角見雨畢之後五日天根見不同者蓋辰角見後雨以漸而畢畢後五日始天根見中間亦校二十餘日也非謂辰角見後五日則天根見也國語皆謂朝見以今管厤驗之亦然而皇氏云九月之時辰角天根昏見東方未聞也不知何意如此之說此周語所云單襄公聘宋假道於陳見靈公與孔寧儀行父如夏氏單襄公歸告周定王之辭也鄭又引王居明堂禮以下者證雨畢水涸在季秋也云除道致梁以利農者農既收刈當運輦故法地治道水上爲梁便利民之轉運故云以利農也。

〇日夜分則同度量平權衡正鈞石角斗甬是月也易關市來商旅納貨賄以便民事四方來集遠鄉皆至則財不匱上無乏用百事乃遂 易關市謂輕其稅使民利之商旅賈客也匱亦乏也遂猶成也〇易以豉反注同便婢面反匱其位反注同賈音古又古雅反 〇凡舉大事毋逆大數必順

其時慎因其類事謂興土功合諸侯舉兵衆也季夏禁之孟秋始征伐此月築城郭季秋教田獵是以於中爲之戒焉【疏】是月至其類○正義曰關市之處輕其賦稅不爲節礙是易關市也關市既易則商旅自來是來商旅也商旅既來則貨賄自入是納貨賄也以此之故便利民人之事四方總來聚集遠鄉於是皆至貨賄既多則庫財不匱所須皆供故國無乏用上下豐足故百事乃遂遂成也百事皆成於此之時興舉其事無逆天之大數必須順其陰陽之時謹慎因其事類不可煩亂妄爲○注事謂至戒焉○正義曰以此月云築城郭故云事謂興土功孟秋云始征伐季秋云教田獵故云合諸侯舉兵衆也但此月上有孟秋始征伐下以季秋教田獵故云是以於中爲之戒焉○

仲秋行春令則秋雨不降卯之氣乘之也卯宿直房心心爲大火草木生榮應陽動也○應應對之應國乃有恐以火訛相驚○恐丘勇反【疏】仲秋至有恐○正義曰秋雨不降天災草木生榮地災國乃有恐人災○注宿直房心心爲大火○正義曰鄭云此者解仲秋行春令時雨不降之意仲秋是應雨之時今行春之令位當卯致大火之氣火是積陽故時雨不降○注以火訛相驚○

正義曰以仲秋致仲春火氣故有火但仲秋爲金仲春爲木金能尅木又仲秋雨水水又尅火火竟不能爲害但以訛僞言語相驚故云以火訛相驚

行夏令則其國乃旱蟄蟲不藏五穀復生午之氣乘之也○復扶又反〔疏〕其國至復生○正義曰其國乃旱天災也蟄蟲不藏五穀復生地災也

行冬令則風災數起子之氣乘之也北風殺物○數所角反收雷先行先猶蚤也冬主閉藏○草木蚤死寒氣盛也〔疏〕風災至蚤死○正義曰風災數起收雷先行天災草木蚤死地災也○

附釋音禮記注疏卷第十六

江西南昌府學栞

禮記注疏卷十六挍勘記　　阮元撰盧宣旬摘錄

月令

仲夏之月節　惠棟挍云仲夏節其日節小暑節天子節宋本合爲一節

仲夏至危中　惠棟挍宋本無此五字

五月節日在井十六度　惠棟挍宋本作節此本節誤五閩監毛本同衞氏集說同下五月節日在井三度同

旦危九度中　閩監毛本同衞氏集說同盧文弨挍云宋書作危七度是

其日丙丁節

小暑至節

鶪始鳴　惠棟挍宋本作鶪岳本同石經同釋文同此本鶪誤鵙閩監毛本同嘉靖本同衞氏集說同

鵙博勞也閩監本同衛氏集説同考文引宋板同惠棟挍宋本鵙作鶪毛本鶪字同博作搏嘉靖本同岳本作鶪搏釋文出搏勞云音博又音伯○按博搏皆雙聲假借

反舌百舌鳥閩監毛本同岳本同衛氏集説同嘉靖本鳥作也

方言云閩監毛本同盧文弨挍云據藝文類聚非方言乃鄭志也段玉裁挍本亦云方言二字當作鄭志

譚魯以南閩本同監毛本譚誤潭盧文弨挍譚改沛

謂之食厖閩監毛本同盧文弨挍云食厖疑食疣

齊杞以東閩監毛本同盧文弨挍本杞改濟

然名其子同云螵蜋也閩本同監毛本蜋作蛸

云搏勞者閩毛本同監本搏作博

百勞鳴將寒之候閩監毛本同衛氏集說同惠棟按宋本百作伯與詩箋同

蔡云螇名蠹也惠棟按宋本作名此本名誤鳴閩監毛本同

又靡信云閩本同考文引宋板同監毛本靡作縻是也

天子居明堂大廟節

天子居明堂太廟閩監毛本同岳本太作大嘉靖本同衛氏集說同石經同注太廟太室同

是月也命樂師節

脩鞀鞞鼓閩監本同岳本同衛氏集說同毛本脩作修嘉靖本同注放此

飭鍾磬柷敔閩本同嘉靖本同衛氏集說同監毛本鍾作鐘岳本同釋文同

是月至柷敔惠棟按宋本無此五字

音之布告如歸灑閩本同惠棟按宋本歸作埽按埽字是也監毛本作音之變布如灑出盧

文弨按云本作音多變布如灑出也宋本亦譌

戈鉤孑戟惠棟按宋本如此此本鉤孑誤鈎子閩監本鈎字同孑誤子衛氏集說同毛本亦作鈎子

列管瓠中閩監毛本同盧文弨云瓠當作匏

聲如鶯兒啼閩本同監毛本鶯作嬰

簧者竽笙之名也閩監毛本同衛氏集說同段玉裁按本云名當作舌

釋名磬罄也閩監毛本同考文引宋板名下有云字是也

中有椎柄連底桐之惠棟按宋本桐作挏閩監毛本同作撞衛氏集說同浦鏜按云撞爾雅注作挏大孔切

命有司爲民祈祀節惠棟按云命有司節農乃登節令民節毋燒節挺重節游牝節宋本合爲一節

古者上公　惠棟挍宋本宋監本作公岳本同衛氏集説同此本公誤古閩監毛本同嘉靖本同浦鏜從假樂雲漢詩疏挍作古者上公以下考文引古本亦作古者上公以下

雩之正常以四月　閩本同監毛本常作嘗岳本同嘉靖本同衛氏集説同

命有至穀實　惠棟挍宋本無此五字

故制禮此月爲雩　閩監毛本同衛氏集説同惠棟挍宋本月作時

不可偏祭一天　惠棟挍宋本作一是也衛氏集説同此本一誤之閩監毛本同

以自外至者無主不正　惠棟挍宋本作止此本作正閩監毛本同衛氏集説同

則龍見而雩是也　閩監毛本同考文引宋板龍見作能國誤也

服注云雩遠也　閩監毛本同考文引宋板云字闕

故僖十一年夏大旱是也　惠棟挍宋本同閩監毛本十上有二字案有二字是也

農乃登黍節

含桃櫻桃也　閩監毛本同岳本同嘉靖本同衛氏集說同惠棟按宋本櫻下衍汝字又此本櫻字誤作攖疏同各本皆作櫻釋文亦出櫻

黍稷於是始孰　閩監毛本孰作熟下未孰新孰同

毋燒灰節

毋燒灰　閩監毛本同岳本同嘉靖本同衛氏集說同案呂覽灰作炭

毋暴布　閩監本同岳本同嘉靖本同衛氏集說同毛本暴作暴釋文出暴布

不以陰功干大陽之事　閩本同岳本同嘉靖本同衛氏集說同監毛本大作太釋文出大陽

挺重囚節

益其食　閩監本同岳本同嘉靖本同衛氏集說同毛本食誤長考文引宋板作食

皇氏以爲增益四之飲食惠棟挍宋本同閩監毛本飲作飯

游牝別羣節

則縶騰駒閩監毛本同岳本同嘉靖本同衛氏集說同石經同釋文出則執云蔡本作縶考文引古本縶作執

爲其牡氣有餘相蹄齧也惠棟挍宋本牡作壯考文引古本足利本同岳本同嘉靖本同閩監毛本誤牝衛氏集說同

每閑馬有二百一十六匹閩監毛本同衛氏集說同惠棟挍宋本匹作疋

是月也日長至節惠棟挍云是月也日長至節君子節薄滋味節嗜欲節鹿角解節是月也毋用火節宋本合爲一節

是月至生分惠棟挍宋本無此五字

君子齊戒節

進猶御見也閩監毛本同衞氏集說同考文引古本猶作謂

或調律磨閩本磨作厤監毛本作歷衞氏集說同○按磨乃曆字之誤古多假曆爲厤戰國策厤室字史記樂毅傳作曆可證也

絲爲絃閩本同惠棟挍宋本同監毛本絃作弦

冬至祭祭圜丘閩本同監毛本祭字不重空缺一字衞氏集說作冬至祭天是也考文引宋本同

薄滋味節

注爲其至傷人閩監毛本同惠棟挍宋本作牲爲其氣異此時傷人

節耆欲節

節耆欲閩監毛本同岳本同衞氏集說同嘉靖本初作耆後改嗜釋文出嗜欲石經作節嗜慾考文引古本足利

本耆亦作嗜盧文弨挍云耆惠棟本改作嗜疑宋本亦作嗜也。按嗜正字耆假借字

鹿角解節

木堇榮 閩監毛本同岳本同嘉靖本同衞氏集說同釋文出木堇考文引古本堇作槿案正義標起止作槿

木槿至蒸也 閩監毛本同惠棟挍宋本蒸也作王蒸

椵木槿 閩監毛本同盧文弨挍云椵當作椴

某氏云別三名 閩本同惠棟挍宋本同監毛本某誤郭三誤二

仲夏行冬令節

行春令節

則五穀晚熟 閩監毛本同衞氏集說同石經同岳本熟作孰嘉靖本同。按孰熟古今字

行秋令節

八月宿直昴畢爲天獄　閩監毛本同岳本同嘉靖本同衛氏集說同考文引古本爲上有昴字山井鼎云宋板八月宿直昴畢下後人補寫昴字不知據何本也嚴杰云考文所云古本多不足據開元占經云黃帝曰昴天牢獄也又云巫咸曰畢爲天獄是昴畢並爲天獄之證注文必不舍畢而言昴古本爲上有昴字非也

行秋至於疫　惠棟挍宋本無此五字

民殃於疫人災也　惠棟挍宋本此下標禮記正義卷第二十三終又記云凡二十五頁

季夏之月節　惠棟挍云季夏節其日節宋本合爲一節○惠棟挍宋本自此此節起至合諸侯制百縣節止爲第二十四卷首題

季夏至奎中　惠棟挍宋本無此五字

日在井三十二度　閩監毛本同衛氏集說同盧文弨挍云宋書六月節日在鬼一度弱此井三十二度當作井三十三差只一度

旦東壁八度中　閩監毛本同衞氏集説同盧文弨按云宋書作壁六度是

其日丙丁節

温風始至節　惠棟按云温風節天子節命澤人節宋本分澤人納材葦一句合上二節爲一節

腐草爲螢　閩監毛本同岳本同嘉靖本同衞氏集説同石經同釋文出腐草爲熒云本又作螢或作腐草化爲螢者非也洪頤煊九經古義補云按吕氏春秋淮南子周書時訓解皆有化字藝文類聚三引月令亦有化字○按有化字非也正義引蔡氏云鳩化爲鷹鷹還化爲鳩故稱化今腐草爲螢螢不復爲腐草故不稱化

鷹學習謂攫搏也　閩監毛本同岳本同嘉靖本同衞氏集説同惠棟按宋本無謂字

但居其壁　閩監毛本同衞氏集説其作在

此六月何言有鷹學習乎　惠棟按宋本作有此本有字闕閩監毛本有誤曰

腹下如火光閩監毛本同衞氏集說同惠棟挍宋本無光字

天子居明堂右个節

又云凡取龜用秋時是夏之秋也者閩監毛本如此此本云字空闕是夏之秋也者六字亦闕惠棟挍宋本無是夏之秋也者六字

言記之者非也閩監毛本同惠棟挍宋本作言記者之非非無也字

命澤人納材葦節惠棟挍宋本是月也命四監以下爲一節案此本命澤人上不作○是連上爲一節是月也上作○是自爲節嘉靖本同衞氏集說命澤人納材葦句經注亦屬上節

北辰耀魄寶閩監毛本作寶此本同嘉靖本衞氏集說同此本寶字闕

冬至所祭於圜丘也上帝大微五帝閩監毛本同衞氏集說同惠棟挍宋本圜作圓大作太嘉靖本同岳本圓字同太亦作大

命四至祈福　惠棟挍宋本無此五字

自命婦官至等給之度　閩監毛本同惠棟挍宋本給作級

論禁斷餘事　閩監毛本如此此本論斷餘三字闕

自土潤溽暑　閩監毛本同惠棟挍宋本溽作辱

知百縣非諸侯　閩監毛本作知此本知字闕

更無別五帝之文　閩監毛本作無此本無字闕

是月也命婦官節　惠棟挍云是月也命婦官節黑黃節宋本合爲一節

命婦至差貸　惠棟挍宋本無此五字

若周則於夏豫浸治染纁元之石　閩監毛本如此此本豫字闕治作始衛氏集說作周則於夏豫浸治染纁元之邑也

已用謂之色此對文耳閩監毛本如此此本巳用作色周耳誤章

黑黃倉赤節

黑黃倉赤惠棟挍宋本同岳本同嘉靖本同閩監毛本倉作蒼衛氏集說同石經同石經考文提要云宋大字本九經南宋巾箱本余仁仲本劉叔剛本至善堂九經本皆作倉

以別貴賤等給之度閩監毛本同嘉靖本同衛氏集說同岳本給作綴石經同案石經作級蓋依岳覽

旌旗及章識也閩監毛本作及岳本同嘉靖本同衛氏集說同此本及誤文

䞓末長終幅閩監本作䞓末衛氏集說同考文引宋板同與司常注合此本䞓字闕毛本䞓末誤簀末

是月也樹木方盛節惠棟挍云是月也樹本方盛節毋舉大事節水潦節宋本合爲

一節

乃命虞人閩監毛本同岳本同嘉靖本同衞氏集説同陳澔集説本脱乃字石經考文提要云宋大字本宋本九經南宋巾箱本余仁仲本劉叔剛本皆有乃字

爲其未堅刃也閩監毛本作刃岳本同嘉靖本同此本刃字闕衞氏集説同刃作韌

土雖寄王四季閩監毛本同衞氏集説同惠棟挍宋本四上有於字

毋舉大事節

大事興徭役以有爲閩監毛本同岳本同惠棟挍宋本宋監本徭作繇嘉靖本同衞氏集説同又興上有謂字釋文出徭役考文引古本事下有謂字

謂出繇役之令以預驚民也惠棟挍宋本同宋監本同岳本同嘉靖本同閩監毛本繇作徭預作豫衞氏集説繇字同預亦作豫○按説文有豫無預

水潦盛昌節

動之則致害也 閩監毛本同岳本同嘉靖本同衞氏集說同考文引古本害上有災字盧文弨按云災字按疏亦有

未有東井 惠棟按宋本同閩監毛本有作循衞氏集說同

干養氣者 惠棟按宋本作干此本干誤于閩監毛本同

若動地則致天災害 閩監毛本同惠棟按宋本天作干衞氏集說同

是月也土潤溽暑節 惠棟按云是月也土潤節可以糞田疇節宋本合爲一節

土潤溽暑 閩監毛本同岳本同嘉靖本同衞氏集說同石經同惠棟按宋本溽作辱宋監本同考文引古本同釋文出辱暑云本或作溽注此本作潤辱與惠棟按宋本同各本俱作溽

謂塗溼也 監毛本作溼岳本作濕嘉靖本同衞氏集說同此本溼誤濕閩本同○按溼正字濕假借字

大雨至熱湯 惠棟挍宋本無此五字

土旣潤辱 閩監毛本辱作溽

行猶通彼也 閩監毛本同衞氏集說同惠棟挍宋本彼作被

又蓄水漬之 閩監本同毛本又誤文衞氏集說作又畜水浸漬之

水熱而沫沸 閩監本作沫衞氏集說同此本沫誤洙閩本同

以茲其斫其生者 惠棟挍宋本亦作茲其與周禮注合閩本同監毛本茲其誤鎡具

夷之以鉤鐮 閩監毛本同惠棟挍宋本鐮作鎌

若今取芟矣 閩監毛本作芟此本芟作芟

以耜測涑土劃之 閩監毛本同惠棟挍宋本涑作湅浦鏜挍測改側○按段玉裁云以畟畟良耜傳箋證之則當作測浦鏜非也

可以糞田疇節

可以美土疆惠棟挍宋本宋監本並作彊岳本同嘉靖本同石經同此本彊誤疆閩監毛本同衛氏集說同注放此釋文出土彊云注同此本疏中皆作彊不誤

土潤溽閩監毛本同岳本同嘉靖本同衛氏集說同考文引宋板溽作辱古本同

土潤辱閩監毛本辱作溽

季夏節

季夏至遷徙惠棟挍宋本無此五字

行秋令節

邱隰至女災惠棟挍宋本無此五字

及禾稼不熟此地災也閩監毛本同惠棟挍宋本無此字衛氏集說同

行冬令節

風寒至入保　惠棟挍宋本無此五字

中央土節　惠棟挍云中央節其日節其蟲節其音節律中節其數節天子節宋本合爲一節

物體質碍　閩監毛本同惠棟挍宋本碍作礙衛氏集說作物體窒礙

輒寄王十八日也　惠棟挍宋本作王此本王誤五閩監毛本王誤一

其日戊己節

其帝黃帝節

后土亦顓頊氏之子曰黎　毛本土誤氏黎作犂閩本監本衛氏集說本亦作犂考文引古本作藜餘本並作黎○按依說文當作黎假借作黎誤作藜俗省作犂

其蟲倮節

恒淺毛 閩監毛本作恒岳本同嘉靖本同衛氏集說同此本恒誤淺

案仲夏云 惠棟挍宋本作案閩本同此本案誤以監毛本同衛氏集說同

至六月土王之時 閩監本同衛氏集說同毛本時誤非考文引宋板作時

西云狐貉之靨 閩監毛本同衛氏集說同惠棟挍宋本貉作狢

律中黃鍾之宮節

律中黃鍾之宮 閩本同岳本同嘉靖本同衛氏集說同監毛本鍾作鐘石經同餘放此

案黃鍾之調均 惠棟挍宋本作案此本案誤故閩監毛本同

其數五節

是以名室爲霤云者 惠棟挍宋本作以此本以誤所閩監毛本同

故毛云陶其土而復之 閩監本同毛本云誤詩考文引宋板作云

鄭云復者復於土上　惠棟挍宋本作復此本復誤複閩監毛本同

故庾蔚云　段玉裁挍本云上有之字

複謂地上累土謂之穴　閩監毛本同段玉裁挍本下謂改爲盧文弨挍本亦云當作爲

天子居大廟大室節

器圜者象土周帀於四時　惠棟挍宋本作帀岳本作匝此本帀誤布閩監毛本同嘉靖本同衛氏集說同考文引古本帀作迎

閎讀如紘　閩監毛本同岳本同嘉靖本同衛氏集說同段玉裁挍本如改爲

象土周匝於四時者　惠棟挍宋本匝作帀閩監毛本匝誤布下周匝同

孟秋之月節

孟秋至畢中　惠棟挍宋本無此五字

昏箕二度中閩監毛本同衞氏集說同盧文弨挍本云宋書箕三度非是下翼二度是

其日庚辛節

該爲蓐收閩監毛本同衞氏集說同惠棟挍宋本蓐作辱下蓐收者同

言秋時萬物摧辱而收斂閩本同監毛本辱作蓐衞氏集說同

其蟲毛節

今於徵數五十四上更加十八惠棟挍宋本如此衞氏集說同此本四上誤有四閩監毛本同

爲商聲之濁次於宮惠棟挍宋本如此衞氏集說無爲字聲字同此本無爲字聲誤音之字誤重閩監毛本無爲字聲誤音之字不重

謂商聲雜亂感動人心惠棟挍宋本作雜亂此本雜亂誤足以閩監毛本同

律中夷則節

益前四寸爲五寸惠棟挍宋本如此衛氏集說同此本上寸字脫閩監毛本同

其數九節

於藏直肝惠棟挍宋本同宋監本同岳本同嘉靖本同考文引古本足利本同閩監毛本直作值○按古多以直爲值

其他皆如祭竈之禮也閩監毛本同惠棟挍宋本也作者

及祭醴三惠棟挍宋本作醴此本醴誤體閩監毛本及衛氏集說同

天子居總章左个節惠棟挍云天子節宋本分其氣廉以深之上合孟秋節其日節其蟲節律中節其數節涼風節爲一節

駕白駱閩監毛本作駱岳本同嘉靖本同衛氏集說同石經同此本駱誤輅釋文出白駱

是月也以立秋節　惠棟挍云是月也以立秋節命百官節宋本合爲一節

順彼遠方　閩監毛本作遠岳本同嘉靖本同衞氏集說同石經同此本遠誤還

察創視折　閩監毛本作折岳本同嘉靖本同衞氏集說同此本折誤析

是月至寢廟　惠棟挍宋本無此五字

完隄坊　閩監毛本同衞氏集說同岳本坊作防嘉靖本同釋文出防云本又作坊石經考文提要云宋本九經南宋巾箱本皆作防

八月宿直畢　閩監毛本作直岳本同嘉靖本同衞氏集說同此本直誤在

坏牆垣　閩監毛本同岳本同嘉靖本同衞氏集說同釋文同石經牆垣二字倒石經考文提要云坊本作垣牆此沿唐石經之誤宋大字本宋本九經南宋巾箱本余仁仲本劉叔剛本皆作墻垣

此其月也而禁封諸侯割地　惠棟挍宋本如此岳本同嘉靖本同衞氏集說同考文引

古本足利本同此本月也而禁四字闕閩監毛本補嘗竝秋而禁五字其嘗竝秋三字誤也宋監本亦作此其月也無秋字

孟秋行冬令節

營室主武事　閩監毛本同嘉靖本同衞氏集說同惠棟挍宋本事作士岳本同考文引古本同案此本疏標起止作士下又作事岐出下孟冬天子乃命將帥講武注亦有此五字而各本皆作武士是此亦當定作士也

孟秋至乃來　惠棟挍宋本無此五字

行春令節

其國至無實　惠棟挍宋本無此五字

行夏令節

寒熱所爲也　惠棟挍宋本作也宋監本同岳本同嘉靖本同衞氏集說同考文引古本足利本同此本

也字闕閩監毛本誤者

今月令瘧疾爲疾疫　惠棟挍宋本如此宋監本同岳本同嘉靖本同考文引古本足利本同此本下疾字闕閩監毛本疾作厲

仲秋之月節

日月會于壽星　閩監毛本同岳本于作於嘉靖本同衞氏集説同考文引古本足利本同盧文弨挍云作於與前一例

仲秋至觿中　惠棟挍宋本無此五字

去日一百二度旦井二度中　惠棟挍宋本作一百二度此本作一百六度其六字誤也閩監毛本同衞氏集説同

昏斗二十四度中　閩監毛本同衞氏集説同盧文弨挍云宋書斗二十五度少强

其日庚辛節

盲風至節

九月丹鳥羞白鳥　閩本監本毛本同岳本同嘉靖本同衛氏集說同惠棟按宋本九作八又云八月作九月傳寫之誤按惠棟說非也正義明言大戴禮八月丹鳥羞白鳥今云九月者鄭所見本異也可見孔氏所依用本作九月

元鳥鷰者　閩監毛本鷰作燕○按燕正字鷰俗字

而云不以中國爲居　惠棟按宋本作云此本云誤亦閩監毛本同

天子居總章大廟　惠棟按云天子節宋本分其器廉以深之上合前仲秋節其日節盲風節爲一節是月也養衰老以下爲一節

行糜粥飲食　閩監毛本同岳本同衛氏集說同嘉靖本糜誤靡釋文出糜粥

是月至其殃　惠棟挍宋本無此五字

自乃命祝宰　閩本同惠棟挍宋本同監毛本祝宰二字倒○按監本毛本是鄭注謂宰祝大宰大祝也

故言是月自可以築城郭　閩監毛本如此此本是月自三字誤在末行而以下行課種麥三字移入此行此行以下三行首三字俱移上一行

勸課種麥爲農爲民　惠棟挍宋本如此此本課種麥三字誤在上行而以下行甫論晝三字移入此行閩監毛本課種麥作種通論非也

引詩七月流火者　惠棟挍宋本作引此本引誤别閩監毛本同

是月也乃命宰祝節

量小大　惠棟挍宋本同宋監本同岳本同嘉靖本同石經同閩監毛本小大二字倒衛氏集説同石經考文提要

云宋大字本宋本九經南宋巾箱本余仁仲本劉叔剛本王善堂九經本皆作小大

祝

大宰大祝主祭祀之官也 閩監毛本同岳本同嘉靖本同衞氏集說同惠棟挍宋本祀作

所察也 閩監本同岳本同嘉靖本同衞氏集說同毛本察誤祭考文引宋本作察

乃命至其饗 惠棟挍宋本無此五字

天子乃難節

則諸侯以下不得難陽氣也 閩監毛本同衞氏集說同考文引宋板無陽字

又牧人云 惠棟挍宋本有云字衞氏集說同此本云字脫閩監毛本同

凡毀事用駹可也 閩監毛本同衞氏集說同惠棟挍宋本駹作尨下用駹同○按周禮並作尨

凡沈辜侯禳共其羊牲惠棟挍宋本有羊字此本羊字脫閩監毛本同衛氏集說同

是則用羊用犬用雞也惠棟挍宋本有是字衛氏集說同此本是字脫閩監毛本同

其餘雜禳大者用羊惠棟挍宋本有禳字此本脫閩監毛本同毛本大誤犬

以犬嘗麻節

麻始熟也閩監毛本同衛氏集說同岳本熟作孰惠棟挍宋本同嘉靖本同

入地隋曰賓毛本作隋岳本同衛氏集說隋誤惰釋文出隋曰云他果反謂狹而長此本隋誤圓閩監本同嘉靖本同

仲秋命庶民畢入于室惠棟挍宋本如此宋監本同岳本同嘉靖本同考文引古本足利本同此本仲秋命庶四字闕閩本同監毛本命庶誤農隙衛氏集說同

注隋曰至其災惠棟挍宋本作其災此本其災二字闕閩本同監毛本其災誤而長

正義曰隋者似方非方監毛本如此衛氏集說同此本正義曰隋四字闕閩本同

以其名竇與窖相似故云隋曰竇方曰窖者惠棟按宋本如此此本似故云隋曰竇方七字闕閩本同監毛本似故云隋四字闕曰竇誤而謂

無罹其災者於此仲秋之時惠棟按宋本如此此本其災者於此五字闕閩本者於此三字闕監毛本於此誤言當

民當入室無在田野惠棟按宋本如此衛氏集說同此本入室無在田四字闕閩本同監毛本在誤處無監本作毋

曰爲改歲入此室處閩監毛本如此此本爲改歲入四字闕

暫時入室惠棟按宋本作暫此本暫字闕閩本同監毛本暫作乘衛氏集說同

須出野收斂閩監毛本作斂此本斂字闕

是月也日夜分節

雷始收聲唐石經始作乃王引之云本作雷乃始收初學記周禮輈人疏可證淮南時則篇同說詳經義述聞

此甫八月中雨氣未止閩監本同岳本同衞氏集說同考文引宋板古本足利本同毛本雨氣作氣雨嘉靖本同按正義云畢星主雨故云雨氣未止雨氣非氣雨

季秋除道致梁閩監毛本同岳本同嘉靖本同衞氏集說同正義亦作致考文引古本致作置

云此甫八月中雨氣未止監毛本作雨氣此本雨氣二字誤倒

水畢除道按國語周語作雨畢

治道所以便行旅通也閩監毛本如此此本旅通二字闕○按治當作除韋注無通也二字

成梁所以使民不涉按韋注作所以便民使不涉也

皆國語文　按文字上當有注字

日夜分則同度量節　惠棟按云宋本分角斗甬之上合前是月也乃命宰祝節天子節以犬節乃命有司節日夜分節爲一節

是月至其類　惠棟按宋本無此五字

仲秋行春令節

仲秋至有恐　惠棟按宋本無此五字

行夏令節

其國至復生　惠棟按宋本無此五字

行冬令節

冬主閉藏　閩監毛本同岳本同嘉靖本同衛氏集說同惠棟按宋本無藏字

風災至螽死　惠棟挍宋本無此五字

草木螽死地災也　閩監毛本同衞氏集説同惠棟挍宋本無也字

禮記注疏卷十六挍勘記

附釋音禮記注疏卷第十七

月令　鄭氏注　孔穎達疏

季秋之月日在房昏虛中旦柳中季秋者日月會於大火而斗建戌之辰也〔疏〕季秋至柳中○正義曰三統厤九月節日在氐五度昏虛二度中去日九十七度旦張初度中九月中日在房五度昏危三度中去日九十三度旦張十八度中按元嘉厤九月節日在亢一度昏牛八度中旦井二十九度中九月中日在氐七度昏女十一度中旦柳十二度中　其日庚辛其帝少皡

其神蓐收其蟲毛其音商律中無射其數九

其味辛其臭腥其祀門祭先肝無射者夾鐘之所生三分去一律長四寸六千五百六十一分寸之六千五百二十四季秋氣至則無射之律應周語曰無射所以宣布喆人之令德示小民軌儀○射音亦喆貞列反〔疏〕注無射至軌儀○正義曰按夾鐘之律長七寸二千一百八十七分寸之千七十五

下生者三分去一今夾鍾七寸取六寸三分去一有四寸在夾鍾以一寸爲三千一百八十七分今更三分之則一寸者分爲六千五百六十一分夾鍾二千一百八十七分寸之千七十五者又三分之則爲三千二百二十五其夾鍾整寸有六千五百六十一又以三千二百二十五益之總爲九千七百八十六分三分去一則去三千二百六十二餘有六千五百二十四在故云無射律長四寸六千五百六十一分寸之六千五百二十四也引周語曰以下者證無射之義云宣布喆人之令德示民軌儀者按周語注云乾上九用事無射陽氣上升陰氣收藏萬物無射者也喆人后稷布其德教示以法儀當及時鋌穫而收藏也

○**鴻鴈來賓爵入大水爲蛤鞠有黃華豺乃祭獸戮禽**皆記時候也來賓言其客止未去也大水海也戮猶殺也○來賓高誘注呂氏春秋則云賓雀與鄭異蛤古荅反鞠本又作菊九六反豺音柴僇音六本或作戮

〔疏〕注來賓至殺也○正義曰上仲秋直云鴻鴈來今季秋云來賓以仲秋初來則過去故不云賓今季秋鴻鴈來賓者客止未去也猶如賓客故云客止未去也大水海也者按國語云雀入于海爲蛤故知大水是海也云戮猶殺也者以經祭獸戮禽禽獸

皆殺之但殺獸而又陳戮禽則殺之而已不以爲祭故直云戮禽此亦互文也禽獸初得皆殺而祭之後得者殺而不祭也

○天子居總章右个乘戎路駕白駱載白旂衣白衣服白玉食麻與犬其器廉以深總章右个西堂北偏

○是月也申嚴號令申重。重直用反命百官貴賤無不務內以會天地之藏無有宣出內謂收斂入之也會猶聚也

〔疏〕命百至宣出。正義曰於此月之時勅命百官貴之與賤無不務內內謂收斂其物言貴之與賤無有一人不勤務收斂內物以會天地之藏者會猶趣也言心皆趣嚮天地所藏之事謂心順天地以深閉藏也無有宣出者以物皆收斂時又閉藏無得有宣露出散其物以逆時氣

○乃命冢宰農事備收備猶盡也舉五穀之要定其租稅之簿。簿步古反徐步各反藏帝藉之收於神倉祇敬必飭重粢盛之委也帝藉所耕千畝也藏祭祀

之穀爲神倉祇亦敬也。收〔疏〕藏帝至必飭。正義曰帝
如字又守又反委紆僞反藉者供上帝之藉田也神
倉者貯祀鬼神之倉也言天子於此月命冢宰藏此帝藉所
收禾穀於此神倉之中當須敬而復敬必使飭正。注重粢
至亦敬。正義曰委謂委積之物重此粢盛委積之物故內
於神倉公羊傳桓十四年御廩災御廩者何粢盛委之所藏
皇氏云委謂輸也其義非云帝藉所耕千畝者鄭康成云藉
之言借也借民力所治之田也祭義云天子爲藉千畝冕而
朱紘躬秉耒祭統云天子親耕於南郊是藉田在南郊也云
藏祭祀之穀爲神倉者以其供神之物故曰神倉祇亦敬者
經有敬字祇又訓爲敬故云祇亦敬
言敬者恒以敬敬爲心不有怠慢也

是月也霜始降

則百工休

寒而膠漆之作不堅好也〔疏〕是月也霜始降。正義曰上文自申嚴號令至祇敬必飭
論務內必須敬愼從此霜始降至習吹論霜降寒來人皆入
室又爲饗帝嘗習吹順時氣習吹雖與入室不同但饗帝大
事則須更云是月故習吹之事附於入室之下自大饗帝至
無有所私論大饗明堂及嘗犧牲告備併諸侯來歲之制稅
民輕重貢賦之數皆大事相連事異於上故言是月天子乃
教田獵及祭禽于四方論順時田獵以習兵戎事異於前故

言是月草木黃落至供養之不宜論草木黃落蟄蟲閉戶斷決獄刑收減祿秩事異於前故又言是月天子以犬嘗稻先薦寢廟事重故特言是月也○乃命有司曰寒氣總至民力不堪其皆入室總猶猥卒。猥卒溫罪反下七忽反○上丁命樂正入學習吹為將饗帝也春夏重舞秋冬重吹也。吹昌睡反注同為于偽反下支縣為注王為又為同

【疏】注為將至重也。正義曰以下有饗帝之文此有言吹之事故云為將饗帝其習舞吹必用丁者取其丁壯成就之義欲使學者藝業成故也○是月也大饗帝言大饗者遍祭五帝也曲禮曰大饗不問卜謂此也

【疏】注言大至謂此。正義曰若祭一帝之時則禮器謂之饗帝令云大饗故知徧祭五帝也此大饗與帝連文故謂祭天禮器大饗其王事與彼下云三牲魚腊九州之美味是四方助祭之物故以大饗為祫也與此不同引曲禮云大饗不問卜謂此者以曲禮大饗不云帝此云大饗帝不云不問卜恐是別事諸儒多以為疑故鄭執之云曲禮所云謂此也鄭必知曲禮大饗非指祫祭必是此大饗帝者以周禮祀大神享大鬼師執事而卜日若祫祭不得云不問卜也此謂

五帝皆饗莫適卜可從故知不問卜謂此也

嘗犧牲告備于天子。嘗者謂嘗羣神也天子親嘗帝使有司祭于羣神禮畢而告焉〔疏〕嘗犧牲告備于天子○正義曰嘗犧牲者謂嘗祭羣神以犧牲於時有司常祭其事既畢告祭備具於天子也○注嘗者至禮畢而告焉○正義曰此犧牲之文繼饗帝之下知非欲饗帝之時使有司展犧牲告其備具而云嘗謂嘗羣神者以四月大雩以祈穀實雩上帝之後云雩祀百辟卿士是雩帝以外別雩羣神九月大饗以報功明饗帝之外亦饗羣神故知此嘗嘗羣神云使有司祭於羣神者以其經云告備于天子故知是有司帝是尊神故知天子親祭經云饗帝鄭云天子親嘗者嘗是秋祭之名因經有嘗犧牲之文雖天子亦曰嘗以秋物新成故也

○合諸侯制百縣爲來歲受朔日與諸侯所稅於民輕重之法貢職之數以遠近土地所宜爲度以給郊廟之事無有所私秦以建亥之月爲歲首於是歲終使諸侯及鄉遂之官受此法焉合諸侯制者定其國家宮室車旗衣服禮儀也諸侯言合制

百縣言受朔日互文也貢職所入天子凡周之法以正月和之正歲而縣於象魏。合諸侯制絕句縣音玄

【疏】合諸至所私。正義曰合諸侯制者秦十月為歲首此月歲之終也當入新歲故合此諸侯之法制又命百縣為來歲受朔日之政令并授諸侯所稅於民輕重之法貢職之數天子有朔日政令諸侯所稅民輕重之法貢職之數皆天子制之百縣此來受處分故云受朔與諸侯所稅於民輕重之法貢職之數皆天子之制言與者兼事之辭以遠近土地所宜為度者言定稅輕重入貢多少皆以去京遠近之差土地所宜之物為節度無有所私者言既給郊廟重事事百縣等物無得有所偏私不如法制也。注秦以至象魏。正義曰按史記秦文公獲黑龍自為水瑞命河為德水以十月為歲首云定其國家宮室車旗衣服禮儀者此皆周禮典命文也彼注云國家國之所居謂成方也云互文者諸侯言合制則百縣亦合制百縣言來歲受朔日則諸侯亦來歲受朔日也故云互文諸侯謂畿外國百縣謂鄉遂云貢職謂所入天子者以經云稅於民輕重之法又云貢職之數其文既重故知稅於民者是積貯本國貢職之數者是輸納天子云周之法以正月和之者按大宰職正月之吉始和布治于邦國都鄙云正歲而縣於象魏者小宰職云正歲縣治象之法于象魏是也

○是月也天子乃教於田獵以習五戎班馬政教於田獵因田獵之禮教民以戰法也五戎謂五兵弓矢殳矛戈戟也馬政謂齊其色度其力使同乘也校人職曰凡軍事物馬而頒之○殳音殊矛亡侯反度大各反乘繩證反校戶教反頒音班

〔疏〕是月至馬政○正義曰天子乃教於田獵者天子於此陰殺之時乃教人以戰法於田獵之事謂因田獵而教之也○以習五戎者謂於田獵之時令人習用五種兵戎之器○班馬政者謂班布乘馬之政令○注五戎至頒之○正義曰知五戎是五兵者以別云班馬政則五戎非馬也下文云七騶咸駕則知五戎非五戎車也且車不須更習故知五戎五兵也按周禮司兵掌五兵鄭司農注五兵者戈殳戟酋矛夷矛後鄭又注云步卒之五兵則無夷矛而有弓矢如鄭所云則此注據步卒五兵弓矢一也殳長丈二二也矛長二丈三也戈長六尺六寸四也戟長一丈六尺五也此隨便而言不依周禮長短之次也云馬政謂齊其色度其力者按毛詩傳云宗廟齊豪尚純也戎事齊色尚强也田獵齊足尚疾也此對文言之則戎事齊力故校人職云凡軍事物馬而頒之注云物馬齊其力但戎事以弓為主耳亦須齊色故詩云駟騵彭彭是齊色也

命

僕及七騶咸駕載旌旐授車以級整設于屏外僕戎僕及御夫也七騶謂趣馬主爲諸官駕說者也既駕之又爲之載旌旗司馬職曰仲秋教治兵如振旅之陳辨旗物之用王載大常諸侯載旂軍吏載旗師都載旜鄉遂載物郊野載旐百官載旟是也級等次也整正列也設陳也屏所田之地門外之蔽○騶側求反載丁代反又如字注同旐音兆級九立反趣七住反又七走反說始銳反陳直覲反大音太旟音餘○【疏】命僕至屏外○正義曰前既班馬政乃命戎僕御夫及七騶等皆以馬駕車又載旌旐既畢授此七戎之車以其尊卑等級正其行列設於軍門屏之外東西廂以爲行陳於是司徒在兩行之間北面誓之或者屏之外左右六軍鄉南而陳司徒於陳前北面誓之也○注僕戎至之蔽○正義曰按周禮戎僕掌馭戎車故知僕是戎僕也以其教戰故不用田僕云及御夫者按周禮馭夫掌馭從車使車注云從車戎路田路之副也使車驅逆之車故知及御夫也云七騶謂趣馬主爲諸官駕說者按周禮趣馬職云掌駕說之頒謂第次也是貴賤等列故云爲諸官駕說也七騶者皇氏云天子馬有六種種別有騶則六騶也又有揔主之人并六騶爲七故爲七騶引司馬職以下者證九旗之異也

載旌旐者謀舉以言之按周禮司常云日月爲常交龍爲旂
通帛爲旜雜帛爲物熊虎爲旗鳥隼爲旟龜蛇爲旐全羽爲
旞析羽爲旌及國之大閱贊司馬頒旗物王建大常諸侯建
旂孤卿建旜大夫士建物師都建旗州里建旟縣鄙建旐道
車載旞斿車載旌注云師都六鄉六遂大夫也州里縣鄙鄉
遂之官互約言之則州里謂鄉中之州長黨正族師遂中里
宰鄰長也縣鄙者遂中縣正鄙師酇長及鄉之閭胥比長也
道車象路也視朝行道斿車木路也王以田以鄙此是仲冬
大閱之時各象治民之事空習其事故所建旌旗不如仲秋
治兵實出軍之事故鄭注大司馬云空辟實也言大閱是空
治兵是實故云空辟實實者則此所引司馬職仲秋治兵是
也按司馬職云王載大常諸侯載旂軍吏載旗師都載旜鄉
遂載物郊野載旐百官載旟注軍吏諸師也師都遂大夫也
鄉遂鄉大夫也或載旜或載物衆屬軍吏無所將也郊謂鄉
遂之州長縣正以下也野謂公邑大夫載旐者以其將羨卒
也百官卿大夫也載旟者以其屬衞王也按周禮云鄉遂令
此注師遂載物者轉寫誤也既以師都爲遂大夫載旜無容
故違周禮云鄉遂載物然王侯所載與仲冬大閱同尊故不
變也其餘則異隨時事也以其出兵教戰故無道車斿車也
其王建大常皆乘戎路異於在國也故司常注云玉路金路

不出春教振旅者以陽氣方長兵宜止息也夏教茇舍者以草木茂盛故教以草舍秋教治兵者以殺氣方盛則辟邪惡故教兵冬教大閱者以冬閑無事備習威儀故因其田獵教以簡閱云屏所田之地門外之蔽者按詩傳云褐纏旃以爲門驅而入擊則不得入既門外驅車則不得有屏此門外之屏者蓋車入之時則去屏無事之時則設屏也

司徒搢扑北面誓之誓衆以軍法也○搢如字又音箭扑普卜反○【疏】司徒至誓之○正義曰司徒地官掌邦教誓者也故司徒職云施十有二教八曰以誓教恤則民不怠司馬職云遂以蒐田有司表貉誓民鄭云有司大司徒也掌大田役治徒庶之政令誓民誓以犯田法之罰也誓曰無干車無自後射按於經注則司徒主誓今田獵出軍亦於所獵之地而搢扑北面誓之也搢插也○注誓衆以軍法也○正義曰軍法之誓有異田獵之誓則云無干車如蒐田之法也今此大閱之誓以依軍法故司馬中冬大閱云羣吏聽誓于陳前斬牲以左右徇陳曰不用命者斬之鄭注云凡誓之大畧甘誓湯誓之屬是也今又按經注則軍法之誓必斬殺也其誓尚書甘誓云左不攻于左右不攻于右弓則孥戮汝之屬是也然鄭注司馬中冬大閱引此九月季秋之令將爲大閱之誓而云作月令者說季秋之政於

周爲中冬失之矣而今在此不非之者緣巳非於彼不復重言於此也而注旌旐不作冬法而依秋禮言之者此文記者雖誤將作周中冬而文旣在夏秋故因言秋禮也熊氏以爲此文載旌旐故解爲中秋治兵大司馬有羣吏聽誓故引此司徒北面以誓證爲中冬兩解其義俱得通也

天子乃厲飾執弓挾矢以獵

厲飾謂戎服尚威武也今月令獵爲射○挾子協反又音協○

（疏）注厲飾至爲射○正義曰厲飾謂嚴厲武猛容飾定本飾謂容飾也俗本作餝非也熊氏云謂戎服者韋弁服也以秋冬之田故韋弁服若春夏則冠弁服故司服云凡甸冠弁服義或然也

命主祠祭禽于四方

以所獲禽祀四方之神也司馬職曰羅弊致禽以祀祊○祊鄭注周禮音方○

（疏）命主至四方○正義曰謂獵竟也主祠謂典祭祀者也禽者獸之通名也四方四方有功於方方之神也四時田獵皆祭宗廟而分時各以爲主也春時土方施生獵則祭社爲主也夏時陰氣始起象神之在內獵則祭宗廟爲主也秋時萬物以成獵則以報祭社及四方爲主也冬時萬物衆多獵則主用衆物以祭宗廟而亦報於物有功之神於四方也此天子獵既畢因命典祀之官取田獵所獲之禽還祭於郊以報四方之

神也冬獵亦何以知然按鄭注秋獮祀方云秋田主祭四方報成萬物詩曰以社以方下云方迎四方氣於郊也鄭又云秋祭社與四方爲五穀成熟報其功也又司馬冬狩云致禽饁獸于郊入獻禽以享烝鄭云冬田主用衆物多衆得取也致禽饁獸于郊聚所獲禽因以祭四方神於郊也月令季秋天子既田命主祠祭禽四方是也入又以禽祭宗廟按於經注更相引證如可見矣其祭四方但用此禽又用別牲故甫田云與我犧羊以社以方是也此祀四方者謂四方五行之神也

○是月也草木黃落乃伐薪爲炭伐木必因殺氣○炭吐旦反

○蟄蟲咸俯在內皆墐其戶墐謂塗閉之辟殺氣○墐其靳反辟音避

【疏】蟄蟲至其戶○正義曰俯垂頭也墐塗也前月但藏而坏戶至此月既寒故垂頭嚮下以隨陽氣陽氣稍沈在下也而又塗塞其戶穴以避地上陰殺之氣也

乃趣獄刑毋留有罪殺氣已至有罪者即決也○趣音促又七住反

收祿秩之不當供養之不宜者天氣

殺而萬物咸藏可以去之也祿秩之不當恩所增加也供養之不宜欲所貪耆熊蹯之屬非常食○當丁浪反注同供養

九用反下餘亮反注同去起吕反者市志反熊乎弓反蹯音煩〔疏〕收禄至宜者。正義曰春夏陽氣寬施許人主從時雖禄秩不當亦所權許今秋陰氣急斂禁罰必當是春夏所權置者今悉收停之也禄秩不當謂彼人不應得禄而王恩私與之者供養不宜謂非常之膳求不可得者也。○是月也天子乃以犬嘗稻先薦寢廟稻始孰也○季秋行夏令則其國大水冬藏殃敗民多鼽嚏未之氣乘之也六月宿直東井氣多暑雨。鼽音求說文云病塞鼻窒嚏丁計反。〔疏〕季秋至鼽嚏。正義曰其國大水天災冬藏殃敗地災民多鼽嚏人災行冬令則國多盜賊邊竟不寧土地分裂丑之氣乘之也極陰爲外邊竟之象也大寒之時地隆坼也。竟音境注及後同隆六中反坼丑白反。〔疏〕行冬至分裂。正義曰國多盜賊邊竟不寧人災土地分裂地災。注極陰至之象。正義曰以十一月一陽生十二月二陽生陽在內伏於地下四陰在地上故云極陰爲外也。行春令則煖風來至民氣解惰之辰氣乘之也巽爲風○煖乃管反又許元反解古買反惰徒卧反 師興不居 辰宿直角角主兵不居象風行不休止也〔疏〕行春至不居○正義曰煖風來至天災民氣解惰師興不居人災○

孟冬之月日在尾昏危中旦七星中 孟冬者日月會於析木之津而斗建亥之辰也○析思厤反○〔疏〕孟冬至星中○正義曰按三統厤十月節日在尾十度昏危十四度中去日八十九度旦翼初度中十月中日在箕七度昏室十度中去日八十六度旦軫五度中按元嘉厤十月節日在心二度昏危一度中旦張八度中十月中日在尾十二度昏危十三度中旦翼八度中

其日壬癸 壬之言任也癸之言揆也日之行東北從黒道閉藏萬物月爲之佐時萬物懷任於下揆然萌牙又因以爲日名焉

其帝顓頊其神玄冥 此黒精之君水官之臣自古以來著德立功者也顓頊高陽氏也玄冥少皞氏之子曰脩曰熙爲水官○顓音專頊音許玉反冥亡丁反〔疏〕注顓頊至水官○正義曰按五帝德云顓頊高陽氏姬姓也又帝王世紀云生十年而佐少皞十二年而冠二十年而登帝位在位七十八年而崩以水承金也云玄冥少皞

氏之子曰脩曰熙者按昭二十九年左傳云少皡氏有子曰脩曰熙又云脩及熙爲玄冥是相代爲水官也○其蟲介介甲也象物閉藏地中龜鼈之屬○鼈必滅反其音羽三分商去一以生羽羽數四十八屬水者以爲最清物之象也冬氣和則羽聲調謂樂記曰羽亂則危其財匱○匱其位反○【疏】注三分至十八○正義曰商數七十二三分之每一分有二十四去其二十四餘有四十八故羽數四十八也其數既少故爲最清清者最賤物比於人亦爲賤故云物之象也○律中應鍾孟冬氣至則應鍾之律應應鍾者姑洗之所生三分去一律長四寸二十七分寸之二十周語曰應鍾均利器用俾應復○應應對之應注同【疏】注應鍾至應復○正義曰姑洗之律長六寸九分寸之一三分去一則六寸去二寸有四寸在餘有整一寸九分寸之一更三分一寸爲二十七分九分寸之一爲三分并二十七分總爲三十分三分去一去其十分餘有二十分在故云應鍾律長四寸二十七分寸之二十也引周語以下者證應鍾之義按春秋說云應其鍾注云應鍾應其種類律厤志應鍾言陰氣應無射該藏萬物而雜陽閡種注○閡藏塞也陰雜陽氣藏塞爲萬物作種晉灼曰外閉曰閡以此言之云應其種類正謂應無射也云均

利器用俾應復者按周語注坤六三用事應當也言陰當代陽用事百物可鍾藏則均利百工之器俾應復者陰陽用事終而復始也○其數六言水生數一成數六但言六者亦舉其成數其味鹹其臭朽水之臭味也凡鹹朽者皆屬焉氣若有若無為朽○朽許九反本亦作殠字林云殠腐也說文云殠或為朽字其祀行祭先腎冬陰盛寒於水祀之於行從辟除之類也祀之先祭腎者陰位在下腎亦在下腎為尊也行在廟門外之西為軷壤厚二寸廣五尺輪四尺祀行之禮北面設主于軷上乃制腎及脾為俎奠于主南又設盛于俎東祭肉腎一脾再其他皆如祀門之禮○辟必亦反又婢亦反軷步葛反壤如丈反厚戶豆反廣古曠反

疏注行在至之禮○正義曰知行在廟門外之西者約檀弓云毀宗躐行自此以下皆中霤禮文廣五尺輪四尺者謂軷壇東西為廣南北為輪常祀行神之壇則然若於國外祖道軷祭其壇隨路所鄉而為廣輪尺數同也按鄭注聘禮云禮畢乘車轢而遂行唯車之一輪轢耳所以然者以兩輪相去八尺今軷唯廣五尺故知不兩輪俱轢云北面設主軷上者以主須南鄉故人北面設之其主則鄭注大馭云蓋以菩芻棘柏為神主也○水始冰地始凍

雉入大水爲蜃虹藏不見皆記時候也大水淮也大蛤曰蜃○蜃常忍反見賢遍反下注錄見同○〔疏〕注大水淮也○正義曰知大水淮者晉語云雉入于淮爲蜃○〇天子居

玄堂左个乘玄路駕鐵驪載玄旂衣黑衣服

玄玉食黍與彘其器閎以奄玄堂左个北堂西偏也鐵驪色如鐵黍秀紓散屬火寒時食之亦以安性也彘水畜也器閎而奄象物閉藏也今月令曰乘軫路似當爲袗袗字之誤也○驪力知反鐵他結反軫之忍反袗之刃反〔疏〕載玄至玄玉○正義曰春云載青旂衣青衣服蒼玉青深而蒼淺旂與衣雖人功所爲不可淺深異色故同用青也玉是自然之色不可純青故用蒼之淺色夏云載赤旂衣朱衣服赤玉與春不類者亦以朱深而赤淺旂可用淺衣必用深故衣旂異色赤玉與蒼玉同俱是其色淺也冬云載玄旂衣黑衣服玄玉者亦以黑深而玄淺旂用淺色故其色玄衣用深色故其色黑與夏同也服玄玉者玉從自然之色故其色淺而用玄玉也猶如夏云赤玉春云蒼玉相似也○注今月至誤也○正義曰鄭以此月乘軫路軫是車之後材路皆有軫何得云乘軫路此軫

字當衣旁著彡袗是玄色故以今月令袗字似當爲袗字錯誤以車旁爲之必知袗字爲色者以此經云乘玄路玄袗義同故昏禮云女從者畢袗玄鄭雖以袗爲同要袗是玄之類○是月也以立冬先立冬三日太史謁之天子曰某日立冬盛德在水天子乃齊謁告○先悉薦反○立冬之日天子親帥三公九卿大夫以迎冬於北郊還反賞死事恤孤寡迎冬者祭黑帝叶光紀於北郊之兆也死事謂以國事死者若公叔禺人顏涿聚者也孤寡其妻子也有以惠賜之大功加賞○叶本又作汁音協禺音遇椓丁角反又作涿同○〔疏〕天子至孤寡○正義曰亦率羣臣至北郊迎黑帝叶光紀而顓頊玄冥配之不言諸侯亦如夏空其文也○還反賞死事者還於郊反亦反於朝也賞死事謂臣人有爲國事死者北郊還因殺氣之盛而賞其家後也恤孤寡者恤供給也孤寡即死事者妻子也財祿供給之也○注死事至加賞○正義曰舉死事之人證之也春秋左傳魯哀。十一年魯師與齊戰公叔務人曰上不能謀士不能死何以治民吾既言之矣敢不勉乎乃與其嬖僮汪錡赴敵皆死雖無賞賜之文而亦死事之義故以證之哀二十三年晉知伯親會顏庚注云齊大夫顏涿聚二十七年齊師將興屬孤子三日朝設乘車兩馬繫五邑焉召顏涿聚之子晉曰隰之役而父死焉今君命女以是邑也服車而朝是其加賞也兼平常惠賜養幼少恤孤寡亦是也○是月也命大史釁龜筴占兆審卦吉凶筴蓍也占兆龜之繇文也周禮龜人上春釁龜謂建寅之月也秦以其歲首使大史釁龜筴與周異矣卦吉凶謂易也審省錄之而不釁筮筮短賤於兆也今月令曰釁祠祠衍字○釁許靳反筴初格反蓍音尸繇直又反【疏】是月至凶○正義曰從命大史至無有掩蔽論釁祠龜筴察阿黨事異於上立冬之日故別言是月也從天子始裘至貴賤之等級論天子身事及命飭百官蓋藏之事及喪紀棺槨等級以事異於上故言是月也自命工師至以窮其情論飭工匠營造盡情事異於前故言是月自大飲烝至射御角力論祭祀之事勞農講武亦事異於前故更言是月自乃命水虞至行罪無赦論收斂藪澤之賦必須得所勿侵削下民亦事異於前故言是月也○命大至吉凶正義曰是月大史之官釁龜筴謂殺牲以血塗釁其龜及筴

筴謂蓍也亦以血塗之占兆者龜之繇文非但釁此龜筴又釁此占兆繇文此占兆之語蒙上釁文也審卦吉凶者卦吉凶謂易也易有六十四卦或吉或凶故云卦吉凶卦之吉凶但是筮耳筮短賤於龜兆不得塗釁但省視録之而已故云審卦吉凶卦既云吉凶明兆亦有吉凶但占兆與龜筴連文故畧而不言吉凶也○注筴蓍至衍字○正義曰曲禮云筴爲筮知是蓍也云占兆龜之繇文者上與龜筴不同下與卦吉凶又別故言龜之繇文則占兆之書也即周禮大卜云其經皆百有二十其頌皆千有二百是也引周禮龜人上春釁龜謂建寅之月秦以孟冬爲歲首謂建亥月釁龜筴故云與周異也鄭之此注與周禮不同周禮云上春釁龜注引月令孟冬釁祠龜筴相互矣者周禮云上春釁龜明秦亦以上春釁龜秦以孟冬釁龜筴明周亦孟冬釁龜筴故云相互也注周禮又云月令秦世之書亦或從以歲首釁龜耳則與此同也而秦十月爲歲首一釁而已周禮上春者亦謂夏之建寅之月但歲首一釁而已無一年兩釁之事此鄭氏注周禮別解其義也今此月令之注與周禮上春釁龜以爲建寅之月則此與周禮不同彼此鄭爲兩解也云審省録之而不釁筮短賤於兆者以卦吉凶謂易也直言審不云釁故言審省録之而不釁所以不釁者易是筮卦之書賤於龜之書故龜繇

云𦾔之筮書則省録而已觀鄭注占兆𦾔之分明而皇氏云
唯𦾔龜筴命大史唯占視兆書不𦾔與鄭注違其義非也云
筮短者左傳僖四年晉獻公卜驪姬不吉筮之吉公曰從筮
卜人曰筮短龜長不如從長杜元凱注云筮以數告故短龜
以象示故長是筮
短龜長之事也。**是察阿黨則罪無有掩蔽**阿黨謂治
獄吏以私恩曲橈相爲也。爲于僞反下爲仲冬爲天子皆同〔疏〕是察至掩蔽。正義曰是察阿黨者謂當是正
審察獄吏阿黨之事則在下犯罪之人獄吏不能掩蔽故云無有掩蔽〇**是月也天子始**
裘九月授衣至此可以加裘〇**命有司曰天氣上騰地氣下**
降天地不通閉塞而成冬使有司助閉藏之氣門戶可閉閉之窻牖可塞
塞之。上時掌反又如字下上世同**命百官謹蓋藏**。謂府庫囷倉有藏物藏才浪反又如字
命司徒循行積聚無有不斂謂芻禾薪蒸之屬。行下孟反積聚子賜
反下七柱反又才屢反仲冬同〔疏〕天氣至下降。正義曰若以易卦言之七月三陽在上則天氣上騰三陰在下

則地氣下降也今十月乃云天氣上騰地氣下降者易含萬象言非一槩周流六虛事無定體若以爻象言之則七月爲天氣上騰地氣下降若氣應言之則從五月地氣上騰至十月地氣六陰俱升天氣六陽並謝天體在上陽歸於虛無故云上騰地氣六陰用事地體在下陰氣下連於地故云地氣下降各取其義不相妨也○

坏城郭戒門閭脩鍵閉慎管籥固封疆備邊竟完要塞謹關梁塞徯徑

坏益也鍵牡閉牝也管籥搏鍵器也固封疆謂使有司循其溝樹及其衆庶之守法也要塞邊城要害處也梁橋橫也徯徑禽獸之道也今月令疆或爲壐○鍵其輦反又其偃反籥羊灼反疆居良反注及下注同塞先代反注同塞徯上先則反下音奚徑古定反牡亡古反又茂后反搏音傳一本作傳直專反處尺慮反壐音徙○

【疏】坏城至徯徑○正義曰城郭當須牢厚故言坏門閭備擬非常故云戒鍵閉或有破壞故云脩管籥不可妄開故云審封疆理當險阻故云固邊竟防擬盜賊故云備要塞理宜牢固故云完關梁禁禦姦非故云謹徯徑細小狹路故須塞皆隨事戒約故設文不同也○注坏益至爲壐○正義曰鍵牡閉牝者凡鑰器入者謂之牡受者謂之牝

若禽獸牝牡然管籥與鍵閉別文則非鍵閉之物故云搏鍵器。以鐵爲之似樂器之管籥搢於鑠內以搏取其鍵也按檀弓注云管鍵也則管鍵一物此爲別者熊氏云管是鍵之伴類仍非鍵也注稱管鍵者以類言之若云鄰里然也管籥云搏鍵器則管籥一物義或然也而何脩云鍵是門扇之後樹兩木穿上端爲孔閉者謂將扇關門以內孔中按漢書五行志每云牝。飛及牝。亡謂失其鑠須須則牡也何脩云兩邊樹木非其義也云固封疆謂使有司循其溝樹及其衆庶之守法者溝樹謂掘溝塹。而種樹木也令使衆庶可守之

○飭喪紀辨衣裳審棺椁之薄厚塋丘壟之大小高卑厚薄之度貴賤之等級此亦閉藏之具順時飭正之也辨衣裳謂襲斂尊卑所用也所用又有多少。塋音營壟力勇反襲音習斂力驗反又力檢反〔疏〕注衣裳至多少。正義曰其衣裳襲斂多少及棺椁厚薄具在喪大記丘壟小大按鄭注冢人云漢律列侯墳高四丈。關內侯以下各有等差又注。檀弓。云墳高四尺蓋周之士制外無文。

○是月也命工師效功陳祭器按。度程毋或作爲

淫巧以蕩上心必功致爲上霜降而百工休至此物皆成也工師工官之長也效功録見百工所作器物也主於祭器祭器尊也度謂制大小也程謂器所容也淫巧謂奢僞怪好也蕩謂揺動生其奢淫○效戶教反巧如字又若孝反注同致直吏反下注同長丁丈反物勒工名以考其誠勒刻也刻工姓名於其器以察其信知其不功致功有不當必行其罪以窮其情功不當者取材美而器不堅也○當丁浪反注同

〔疏〕命工至其情○正義曰於是之時冬閉無事百工造作器物恐爲淫巧故命工師之官師長也命此工官之長效實百工所造之物陳列祭器善惡○按度程者謂於○按此器舊來制度大小及容受程限多少○○册或作爲淫巧者或有也勿得有作過制之巧以揺動在上生奢侈之心必功致爲上者言作器不須靡麗華侈必功力容致爲上又每物之上刻勒所造工匠之名於後以考其誠信與不若其用材精美而器不堅固則功有不當必行其罪罰以窮其詐僞之情○注主於至所容○正義曰百工造作器物則諸器皆營今經直主於祭故云主於祭器祭器尊也度謂制大小程謂器所容者以經度程文別度是制度大小除

制度之外唯有容受多
少故以程爲器所容也○是月也大飲烝十月農功畢
天子諸侯與
其羣臣飲酒於太學以正齒位謂之大飲別之於他其禮亡
今天子以燕禮郡國以鄉飲酒禮代之烝謂有牲體爲俎也
黨正職曰國索鬼神而祭祀則以禮屬民而飲酒于序以正
齒位亦謂此時也詩云十月滌場朋酒斯饗曰殺羔羊躋彼
公堂稱彼兕觵受福無疆是頌大飲之詩○別彼列反索所
百反屬之玉反下同滌大麻反場直良反躋子兮反兕徐履
反觵古
宏反
〔疏〕
大飲烝○正義曰言於是月之時天子諸侯與
羣臣大行飲酒爲饗禮以正齒位烝升也升此
牲體於俎之上故云大飲烝○注十月至之詩○正義曰天
子諸侯與其羣臣飲酒於太學者按此大飲烝是天子之禮
詩豳風躋彼公堂序諸侯之事是諸侯之禮故云天子諸侯
與羣臣也豳詩云躋彼公堂毛傳云公堂學校也黨正以禮
屬民飲酒于序故云此飲酒於太學也云以正齒位者約黨
正文必約黨正者以此是孟冬黨正云國索鬼神謂蜡祭也
與此同月故鄭下注引黨正文亦謂此時也云烝謂有牲體
爲俎者按國語云王公立飫則有房烝此既大飲饗禮當用
房烝半體之俎若黨正飲酒雖饗而用餚蒸故宜十六年左
氏云王享有體薦宴有折俎公當享卿當宴是也鄭又引黨

正及詩者證大飲是十月正齒位飲羣臣之事云十月滌場者謂場功畢入滌掃其場朋酒斯饗者毛傳云兩樽曰朋鄭云饗謂饗禮而殺羔羊行禮之時升彼公之學校之堂舉彼兕觥之爵以罰失禮臣下慶君命受福無疆也○天子乃祈來年于天宗大割祠于公社及門閭臘先祖五祀此周禮所謂蜡祭也天宗謂日月星辰也大割大殺羣牲割之也臘謂以田獵所得禽祭也五祀門戶中霤竈行也或言祈年或言大割或言臘互文○臘力合反蜡仕迓反字林作措

疏天子至五祀○正義曰祈來年于天宗者謂祭日月星辰也大割祠于公社者謂大割牲以祠公社以上公配祭故云公社及門閭者非但祭社又祭門閭但先祭社後祭門閭故云及臘先祖五祀者臘獵也謂獵取禽獸以祭先祖五祀也此等之祭總謂之蜡若細別言之天宗公社門閭謂之蜡其祭則皮弁素服葛帶榛杖其臘先祖五祀謂之息民之祭其服則黃衣黃冠鄭注郊特牲云息民與蜡異也按黨正云國索鬼神而祭祀則以禮屬民而飲酒于序以正齒位則飲酒在蜡祭之後此大飲在蜡祭之前者若黨正屬民飲酒在蜡之後故下云勞農以休息之注黨正飲酒是也若天子諸侯羣臣大飲在

蜡祭之前故以大飲敘在祈年之前然鄭爲大飲之下注引黨正飲酒者證其正齒位同在此月不謂大飲即黨正飲酒也而熊氏以爲大飲烝在蜡之後非其義也凡蜡皆在建亥之月而皇氏以爲夏殷蜡各在已之歲終若如此夏家季冬則計耦耕事也脩耒耜具田器不得方始勞農以休息皇氏之義非也○注此周至互文○正義曰知此周禮所謂蜡者以郊特牲蜡者索也索萬物而饗之按籥章云國祭蜡龡豳頌以息老物蜡而後息老此經亦先祭衆神乃後勞農休息文與籥章相當故經廣祭衆神是周禮籥章所謂蜡祭也而熊氏皇氏皆爲周禮六樂一變而致羽物以致六變而蜡祭此亦廣祭衆神故指彼一變二變而爲之蜡也然彼樂一變二變鄭自解爲蜡耳非周禮正文言蜡何得云周禮所謂蜡也云天宗謂日月星者以蜡祭唯公社不祭地故知祭天宗者不祭天若是祭天何須稱宗下季冬云天之神是天之衆神有司中司命不稱宗明稱宗者謂日月星也按異義天六宗賈達等以爲天宗三謂日月星地宗三謂泰山河海鄭玄六宗以爲星也辰也司中也司命也風師也雨師也不同賈達之義令此云天宗謂日月星者尚書六宗文承肆類上帝之下凡郊天之時日月從祀故祭以日月配日月在類上帝之中故六宗不得復有日月此不云六宗而云天宗與彼別也

蔡邕云日爲陽宗月爲陰宗北辰爲星宗也云臘謂田獵所得禽祭者以欲臘祭之時暫出田獵以取禽非仲冬大閱之獵也左傳云唯君用鮮則天子諸侯祭用鮮獸皇氏云仲秋獮得禽獸以爲乾豆至臘用之其義非也云五祀門戶中霤竈行者月令殷禮言之若周則七祀云或言祈年或言大割或言臘互文者天宗公社門閭先祖五祀等皆祈年大割臘祭之事故云互也皇氏云天宗故云祈社是報功故云大割先祖已之親故臘祭也

勞農以休息之黨正屬民飲酒正齒位是也○勞力報反

〔疏〕注黨正至是也○正義曰按黨正職國索鬼神而祭祀則以禮屬民此亦祭衆神之後勞農休息文正相當故云是此等休息是正齒位按雜記子貢觀蜡云一國之人皆若狂者按鄉飲酒初立賓行禮至禮終說屨升堂而燕行無算爵然則初時正齒位後則皆狂蜡祭蔡邕云夏曰清祀殷曰嘉平周曰蜡秦曰臘按左傳云虞不臘矣是周亦有臘名也

○天子乃命將帥講武習射御角力爲仲冬將大閱簡習之亦因營室主武士也凡田之禮唯狩最備夏小正十一月王狩○將帥上子匠反下色類反閱音悅狩手又反

〔疏〕注營室至最備○正義曰春秋說云營室主軍士之糧云凡田

之禮唯狩最備者解此經孟冬云乃命將帥講武習射御言習是未正用也備擬仲冬教戰之事所須故言唯狩最備謂狩禮大也故仲冬教大閱禮儀備

○是月也乃命水虞漁師收水泉池澤之賦毋或敢侵削衆庶兆民以為天子取怨于下其有若此者行罪無赦因盛德在水收其稅

○孟冬行春令則凍閉不密地氣上泄寅之氣乘之也○泄息列反下同○民多流亡象蟄蟲動〔疏〕孟冬至流亡○正義曰凍閉不密地氣上泄地災也民多流亡人災也○行夏令則國多暴風方冬不寒蟄蟲復出巳之氣乘之也立夏巽用事巽爲風○復扶又反○〔疏〕國多至復出○正義曰國多暴風方冬不寒天災也蟄蟲復出地災也○行秋令則雪霜不時申之氣乘之也小兵時起土地侵削申陰氣尚微申宿直參伐參伐爲兵○參所林反下同○〔疏〕雪霜至侵

削○正義曰雪霜不時天災也○。小兵時起土地侵削人災也○注申宿直參伐參伐爲兵○正義曰按春秋說云參伐主斬刈示威行伐也

仲冬之月日在斗昏東壁中旦軫中仲冬者日月會於星紀而斗建子之辰也○壁必亦反又必狄反○〔疏〕仲冬至軫中○正義曰按律麻志云仲冬之初日在斗十二度故云日在斗也三統歷大雪日在斗十二度昏壁五度中去日八十四度旦角三度中冬至日在牛初度昏奎十度中去日八十二度旦亢七度中元嘉麻云大雪日在箕十度昏氐九度中旦軫八度中冬至日在斗十四度昏東壁八度中晝漏四十五刻旦角七度中

其日壬癸其帝顓頊其神玄冥其蟲介其音羽律中黃鍾其數六其味鹹其臭朽其祀行祭先腎黃鍾者律之始也九寸仲冬氣至則黃鍾之律應周語曰黃鍾所以宣養六氣九德〔疏〕注周語至九德○正義曰按元命包黃鍾者始黃注云始萌黃泉中律麻志云黃者中之色君之服

鍾種也又云黃五色莫盛焉故陽氣始。種於。泉孳萌萬物爲六氣元也周語曰黃鍾所以宣養六氣九德者按彼注十一月建子陽氣在中六氣陰陽風雨晦明九德金木水火土穀正德利用厚生作樂宣徧黃鍾象氣伏地物始萌所以徧養六氣九功之德此養之者若施於人六情正德天德利用地德厚生人德六府者金木水火土穀也○冰益

壯地始坼鶡。旦不鳴虎始交皆記時候也鶡旦求旦之鳥也交猶合也○壯莊亮反曷本亦作鶡同尸割反鶡旦鳥名○天子居玄堂大廟乘玄路駕鐵驪載玄旂衣黑衣服玄玉食黍與彘其器閎以奄玄堂大廟北堂當大室○飭死事飭軍士戰必有死志（疏）飭死事○正義曰事異前也因殺氣之盛以飭軍士使戰者必有死志故曰飭死事也○命有司曰土事毋作慎毋發蓋毋發室屋及起大衆以固而閉地氣沮泄是謂發天地之房諸蟄則

死民必疾疫又隨以喪命之曰暢月而猶女也暢猶充也大陰用事尤重閉藏。○暢勑亮反女音汝大音太。○〔疏〕命有至暢月。○正義曰此不云是月者總是冬月閉藏之事從十月爲漸非惟仲冬一月之事故不言是月自命奄尹至淵澤井泉論命奄尹之官謹慎房室命酒正之職以爲酒醴命掌祠之官祈祀四海井泉事雖各別同是命告羣官事異於上故揔言是月自農有不收藏積聚至罪之不赦論收斂尤急之時務須積聚之事事異於上故云是月自日短至至取竹箭論日至之時須有所爲之事事異於收斂積聚故云是月自可以罷官之無事至閉藏論去間務助時寧靜亦事異於前故言是月云土事毋作慎毋發蓋者於此之時土地之事毋得興作又須謹慎毋得開發掩蓋之物則孟冬云謹蓋藏是也非惟仲冬一月之事故不言是月良爲此也爲陰氣凝固陽須閉藏若起土功開蓋物發室屋起大衆開泄陽氣故下云諸蟄則死人則疾疫也以固而閉者而汝也命此有司云於此之時以堅固汝閉塞之事勿令開動地氣沮泄是謂發天地之房者約東有司若其不固汝所閉之事令地沮泄謂泄漏地之陽氣是發徹天地之房房是人次舍之處擿蘊於此之時天地亦擁蘊萬物不使宜露與房舍相似令地氣泄漏是開發天地之房也如此則諸蟄則死人必疾疫非但蟄死人疾又隨以喪者國有大喪隨逐其後命之曰暢月者告有司云所以須閉藏以其命此月曰暢月暢充也言名此月爲充實之月當使萬物充實不發動故也皇氏云又隨以喪者謂逃亡人爲疾疫皆逃亡。故云又隨以喪

○是月也命奄尹申宮令審門閭謹房室必重閉奄尹主領奄豎之官也於周則爲内宰掌治王之内政宮令幾出入及開閉之屬重閉外内閉也○重直龍反注同

省婦事毋得淫雖有貴戚近習毋有不禁省婦事所以靜陰類也淫謂女功者僞怪好物也貴戚謂姑姊妹之屬近習天子所親幸者○省所景反注同

〔疏〕命奄李不禁○正義曰命奄尹者謂正也謂命奄官正長申重之政令常察門閭之事謹慎房室之處必重閉者謂門閭房室必外内重閉遠者謂之門閭近者謂之房室皆有外内門戸必重疊閉之此月陰氣既靜故減省婦人之事順陰類也婦人所事者務所質素無得過爲淫巧其所禁婦人無限貴戚姑姊妹之徒及王親近愛習嬖寵之類無有不禁言禁之無得淫巧也○注於周至之屬○正義曰此奄尹奄官之尹於周則内

宰但是主領奄官身非奄人故云於周爲内宰内宰非奄也云掌治王之内政者皆解經中申宫令也宫令則内政也云譏出入及開閉之屬者解經審門閭謹房室也

○乃命大酋秫稻必齊麴蘗必時湛熾必絜水泉必香陶器必良火齊必得兼用六物大酋監之毋有差貸

酒孰曰酋大酋者酒官之長也於周則爲酒人秫稻必齊謂孰成也湛漬也熾炊也火齊腥孰之調也物猶事也差貸謂失誤有善有惡也古者穫稻而漬米麴至春而爲酒詩云十月穫稻爲此春酒以介眉壽○酋子由反又在由反秫音述麴丘六反蘗魚列反湛子廉反熾尺志反齊才計反注火齊同監古銜反貸音二又他得反注同長丁丈反穫戸郭反○

〔疏〕乃命至差貸○正義曰大酋者酒官之長於此之時始爲春酒先須治擇秫稻故云秫稻必齊齊得成孰又須以時料理麴蘗故云必時湛熾必絜絜者湛漬也熾炊也謂炊漬米麴之時必須清絜水泉必香陶器必良者謂所用水泉必須香美所盛陶器必須良善火齊必得者謂炊米和酒之時用火齊生孰必得中也兼用六物者秫稻一麴蘗二湛熾三水泉四陶器五火

齊六也物事也謂作酒之人用此六事作酒大酋監督之無使有參差貸變使酒誤其善惡○注酒孰至眉壽○正義曰酒孰曰酋然則酋者酒孰之名也云於周則爲酒人者周禮酒正引此大酋爲酒正也此注大酋爲酒人不同者以酒正掌作酒法或及酒材之事故引大酋證之其實酒正掌酒之政令及酒出入之事不親監作此大酋監作故爲酒人也以酒人監作酒故也云古者穫稻而漬米麴至春事而爲酒者證此十一月命大酋作酒之事以十月穫稻於此月漬米麴至春而爲酒者謂春成也非春始釀故毛詩傳云春酒凍醪又注酒正云清酒今中山冬釀接夏而成是於仲冬季冬以釀也引詩者豳風七月之詩以證穫稻作酒之事○天子命有司祈祀四海大川名源淵澤井泉順其德盛之時祭之也今月令淵爲深。○是月也農有不收藏積聚者馬牛畜獸有放佚者取之不詰此收斂尤急之時人有取者不罪所以警懼其主也王居明堂禮曰孟冬之月命農畢積聚繫收牛馬○畜許六反詰起吉反〔疏〕注明堂至牛馬○正義曰引之者證若不積聚收牛馬他人取之不詰俗本作牧定本作收。山林藪澤有能取蔬食田獵禽獸者務收斂野物也野虞教道之其有相侵奪者罪之不赦大澤曰藪草木之實爲蔬食。藪素口反道音導〔疏〕注大澤至蔬食。正義曰按鄭注周禮水鍾曰澤水希曰藪今言大澤曰藪者以有水之處謂之澤旁無水之處謂之藪草木之實爲蔬食者爾雅云蔬不孰爲饉蔬謂菜蔬以其麤蔬經言蔬食故爲草木實也山林蔬食榛栗之屬藪澤蔬食蔆芡之屬是月也日短至陰陽爭諸生蕩爭者陰方盛陽欲起也蕩謂物動萌牙也。爭爭鬭之爭注同君子齊戒處必掩身身欲寧去聲色禁耆慾安形性事欲靜以待陰陽之所定寧安也聲謂樂也易及樂春秋說云冬至人主與羣臣從八能之士作樂五日此言去聲色又相反。去起呂反注及下同耆市志反從子用反〔疏〕注易及至相違。正義曰此易乾鑿度文及樂緯春秋緯其語同也其八能之士以其在仲夏疏文又相違者以夏已違今此

復違故
言又也○芸始生荔挺出蚯蚓結麋角解水泉

動
芸音云荔力
計反挺大頂反麋亡悲反解音蟹麑戶介
反上時
丈反
疏云芸始生荔挺出者皇氏

又記時候也芸香草也荔挺馬薤也水泉動潤上行。
正義曰芸始生荔挺出者皇氏
云以甘茂香草故應陽氣而出而蚯蚓結者蔡氏云

結猶屈也蚯蚓在穴屈首下嚮陽氣動則宛而上首故其
結而屈也麋角解者諸家皆無明據熊氏云鹿是山獸
夏至得陰氣而解角麋是澤獸故冬至得陽氣而解角今以
夏為陰獸情淫而遊澤冬至陰方退而得陽氣而解之象既無明
至得陰氣而解角麋從陽退之象故從陽退之象既無明
麋為陰獸情淫而遊山夏至得陰而解角從陰退之象鹿是
據故論焉若節氣早則麋角晚則十一月
月麋角隕墜故小正云十一
月麋角隕墜故小正云十二月麋角隕
月麋角解故小正丟十二月隕麋角

木取竹箭之極時
此其堅成是月也可以罷官之無
謂先時權所建作者也天地○塗
閉藏而萬物休可以去之

事去器之無用者是月也可以罷官之無
閉藏而萬物休可以去之

關廷門閭築囹圄此以助天地之閉藏也
氣順也時

○仲冬行夏令，則其國乃旱，午之氣乘之也。氛霧冥冥，霜露之氣散相亂也。○氛，芳云反。雷乃發聲。震氣動也。午屬震。〔疏〕"其國"至"發聲"。○正義曰：其國乃旱，氛霧冥冥，雷乃發聲，皆天災也。○行秋令則天時雨汁，瓜瓠不成，酉之氣乘之也。酉宿直昴畢，畢好雨。雨汁者，水雪雜下也。子宿直虛危，虛危內有瓜瓠。○雨汁，于付反，下音執，注同。瓠，戶故反。好，呼報反。國有大兵。兵亦軍之氣。○〔疏〕"天時"至"大兵"。○正義曰：天時雨汁，天災也。瓜瓠不成，地災也。國有大兵，人災也。○注"虛危內有瓜瓠"。○正義曰：按《天文志》瓜瓠四星在危東。○行春令則蝗蟲爲敗，當蟄者出，卯之氣乘之也。水泉咸竭，大火爲旱。民多疥癘。疥癘之病，孚甲之象。○疥音介。〔疏〕"蝗蟲"至"疥癘"。○正義曰：蟲蝗爲敗，水泉咸竭，地災也。民多疥癘，人災也。

季冬之月，日在婺女，昏婁中，旦氐中。季冬者，日月會於玄枵而斗建丑之辰也。婺無付反婁力候反氐丁兮反又音丁計反枵許驕反。〔疏〕季冬至氐中。正義曰按律厤志季冬初日在婺女八度三統厤小寒日在婺女八度昏婁十一度中去日八十四度旦氐十二度中大寒日在危初度昏昴二度中去日八十度旦心五度中元嘉厤。日在牛三度昏奎十五度中晝漏四十五刻六分旦亢九度中大寒日在女十度昏胃四度中晝漏四十六刻七分旦氐十三度中**其日壬癸其帝顓頊其神玄冥其蟲介其音羽律中大呂其數六其味鹹其臭朽其祀行祭先腎**大呂者蕤賓之所生也三分益一律長八寸二百四十三分寸之百四季冬氣至則大呂之律應周語曰大呂助陽宣物〔疏〕注大呂至宣物正義曰按蕤賓長六寸八十一分寸之二十六上生大呂三分益一三寸益一寸六寸益二寸故為八寸其八十一分寸之二十六各三分之則為七十八分三分益一更益一箇二十六則。一百四故云律長八寸二百四十三分寸之一百四也引周語大呂助陽宣物者證大呂之義也按律歷志云大呂呂旅也言陰大旅助黃鍾宣氣而聚物。**○鴈。北鄉鵲**

始巢雉雊雞乳皆記時候也雊雉鳴也詩云雉之朝雊尚求其雌○雊音向雊音豆反乳如住反〔疏〕鴈北至雞乳○正義曰鴈北鄉有早有晚早者則此月北鄉晚者二月乃北鄉故易說云二月驚蟄候鴈北鄉鵲始巢者此據晚者若早者十一月始巢故詩緯推度災云復之日鵲始巢是也雉雊雞乳者易通卦驗云雉雊雞乳在立春節與此同以立春在此月也通卦驗又云小寒虎始交豺祭獸此季冬不言者文不具也若節氣晚則季冬虎交若節氣早則在仲冬故仲冬虎始交按月令九月豺祭獸通卦驗季冬豺祭獸者熊氏云再祭也一曰易說誤也無此文

○天子居玄堂右个乘玄路駕鐵驪載玄旂衣黑衣服玄玉食黍與彘其器閎以奄玄堂右个北堂東偏

○命有司大難旁磔出土牛以送寒氣此難難陰氣也難陰始於此者陰氣右行此月之中日歷虛危虛危有墳墓四司之氣爲厲鬼將隨強陰出害人也旁磔於四方之門磔攘也出猶作也作土牛者丑爲牛牛可牽止也送猶畢也○難乃多反下注同磔竹百反爲厲于僞反〔疏〕

命有至寒氣○正義曰此月之時命有司之官大爲難祭今難去陰氣言大者以季春唯國家之難仲秋唯天子之難此則下及庶人故云大難旁磔者旁謂四方之門皆披磔其牲以禳除陰氣出土牛以送寒氣者出猶作也此時強陰既盛年歲已終陰若不去凶邪恐來歲更爲人害其時月建丑又土能剋水持水之陰氣故特作土牛以畢送寒氣也○注此月至畢也○正義曰此月之中者中猶内也謂此月之内也皇氏以爲此月中氣非也云日歷虛危虛危有墳墓四司之氣者熊氏引石氏星經云司命二星在虛北司禄二星在司命北司危二星在司禄北司中二星在司危北史遷云四司鬼官之長又云墳四星在危東南是危虛有墳墓四司之氣也皇氏以爲北方蓋藏故爲墳墓北方歲終以司主四時故云四司其義皆非也皇氏又云以季春國難下及於民以此季冬大難爲不及民也然皇氏解禮違鄭解義也今鄭注論語鄉人難云十二月命方相氏索室中驅疫鬼鄭既分明云十二月鄉人難而皇氏解季冬難云不及鄉人不知何意如此云送猶畢者此時寒實未畢而言畢者但意欲全畢耳

○**征鳥厲疾**殺氣當極也征鳥題肩也齊人謂之擊征或名曰鷹仲春化爲鳩○題大兮反

疏征鳥厲疾○正義曰亦命有司辭也征鳥謂鷹隼之屬也

謂為征鳥如征厲嚴猛疾捷速也時殺氣盛極故鷹隼之屬取鳥捷疾嚴猛也蔡云太陰殺氣將盡故猛疾與時競也○注殺氣至為鳩○正義曰按釋鳥云鷹鶆鳩某氏云鶆鳩鶆鳩月令云鷹化為鳩左傳曰爽鳩氏司寇也郭景純云鶆當為鷞即鷞鳩也此征鳥者則鷞鳩之謂也

乃畢山川之祀及帝之大臣天之神祇四時之功成於冬孟月祭其宗至此可以祭其佐也帝之大臣句芒之屬天之神祇司中司命風師雨師○祇音祁〔疏〕注四時至雨師○正義曰按上孟冬祈來年于天宗大割祠於公社臘先祖五祀是謂蜡祭則百神皆祭則一變而致羽物山林之祇再變而致鱗物川澤之祇是蜡祭兼祭山川也是嶽瀆及衆山川也孟冬不見者文不具孟冬祭嶽瀆因及衆山川至此又更祭衆山川山川少於嶽瀆是孟月祭其宗此月祭其佐前孟冬是祭先嗇神農并祭五帝但孟月其文不具則五帝為宗大臣句芒等為佐是孟月祭其宗此月祭其佐也孟冬祭司中等是孟月祭宗此月祭佐則天神人鬼山川等皆有宗有佐也故鄭先云孟月祭宗至此祭佐後解帝之大臣天神地祇若然山川卑於帝之大臣在先言故以為尊卑之序無義○是月

側也熊氏云孟冬祭宗至此祭佐唯天恐非也

也命漁師始漁天子親往乃嘗魚先薦寢廟
天子必親往視漁明漁非〔疏〕注天子至絜美○正義曰按
常事重之也此時魚絜美仲秋以犬嘗麻季秋以犬嘗
稻皆不云天子親往今此天子親往特云嘗魚故云明漁非
常事重之也以四時薦新是其常事魚則非常祭之物故云
重之
也
○冰方盛水澤腹堅命取冰腹厚也此月日在北陸冰堅厚
之時也北陸謂虛也今月令冰方至取冰○正義曰言
無堅○腹本又作複又方服反〔疏〕此月冰既方盛於時極寒
冰實至盛而云方盛者此謂月半以前小寒之節冰猶未盛
故云方也至於月半以後大寒乃盛水澤腹堅者腹厚也謂
水濕潤澤厚實堅固冰既堅固故命取冰○注腹厚至無堅
正義曰腹者形體腹長故爲厚也云此月日在北陸者當此
月之時日在玄枵之次其星當女虛危也陸道也言女虛危
是北方七宿之道故釋天云北陸虛也舉中央星以言之○
冰以入令告民出五種冰既入而令田官告民出五
種明大寒氣過農事將起也
○種章勇命農計耦耕事脩耒耜具田器耜者
反注同耒之

金也廣五寸田器鎡錤之屬○鎡音茲錤音基〔疏〕冰以至五種○正義曰冰以藏入之後大寒以過暖氣方來故令此典農之官出五種之物以擬種之○注耜者至之屬○正義曰耒者以木爲之長六尺六寸底長尺有一寸中央直者三尺有三寸勾者二尺有二寸底謂耒下嚮前曲接耜者頭而著耜耜金鐵爲之故云耜者耒之金云田器鎡錤之屬者何胤云鎡今之鋤類孟子云齊人曰雖有鎡錤不如待時云之屬者以田器非一也○

命樂師大合吹而罷

歲將終與族人大飲作樂於大寢以綴恩也言罷者此用禮樂於族人最盛後年若時乃復然也凡用樂必有禮用禮則有不用樂者王居明堂禮季冬命國爲酒以合三族君子說小人樂○合古荅反吹昌睡反罷如字又音皮復扶又反〔疏〕命樂至而罷○正義曰於此歲終必族人燕飲樂師之官大合諸樂管籥之吹以綴恩慈之心而遂休罷至來年季冬乃更爲之○注歲將至人樂○正義曰與族人大飲者以王居明堂禮云季冬命國爲酒以合三族故知與族人飲也云作樂於大寢者以其命樂師合吹故知作樂也大寢則路寢也與宗人圖事之處既飲族人故知於大寢云以綴恩者綴謂連綴恩謂恩親大傳云繫之以姓而弗別綴之以食而弗殊云

罷者此用禮樂於族人最盛後年若時乃復然者謂後年季冬乃復如此作樂以一年頓停故云罷云凡用樂必有禮而用禮則有不用樂者以大合吹必當有禮與族人燕飲今唯云命樂師作樂故云用樂必有禮而食嘗無樂故云禮有不用樂也引明堂禮以合三族者三族父子及身則小記云親親以三爲五以五爲九是也君子謂卿大夫士小人樂謂凡庶也

○**乃命四監收秩薪柴以共郊廟及百祀之薪燎**四監主山林川澤之官也大者可析謂之薪小者合束謂之柴薪施炊爨柴以給燎春秋傳曰其父析薪今月令無及百祀之薪燎○共音恭下文以共皆同燎力召反析思歷反下同爨七亂反【疏】注四監至薪燎正義曰以薪柴出於山林川澤故四監爲山林川澤之官也薪施炊爨柴以給燎者以薪柴並文故知各有所用上云薪柴下云薪燎故知柴以給燎引春秋傳曰其父析薪者此昭七年左傳辭也其父析薪其子弗克負荷引之者證薪是麤大可析之物云今月令無及百祀之薪燎者謂無此句之文也

是月也日窮于次月窮于紀星回于天數將幾終言日月星辰運行于此月皆周匝於故處

也次舍也紀會也○幾音祈又音機處昌慮反〔疏〕日窮至幾終○正義曰日窮于次者謂去年季冬日次於玄枵從此以來每月移次他辰至此月窮盡還次玄枵故云日窮于次○月窮于紀者紀猶會也去年季冬月與日相會於玄枵自此以來月與日相會在於他辰至此月窮盡還復會於玄枵故云月窮于紀星回于天者謂二十八宿隨天而行每日雖周天一匝早晚不同至於此月復其故處與去年季冬早晚相似故云星回于天數將幾終者幾近也以去年季冬至今年季冬二百五十四日未滿三百六十五日未得正終唯近於終故云數將幾終

歲且更始專而農民毋有所使而猶女也言專一女農民之心令之豫有志於耕稼之事不可徭役徭役之則志散失業也○女音汝令力呈反〔疏〕歲且至所使○正義曰此脩月令之人為國家戒令之法此月既終歲且更始而女也言在上專一女農之事無得與起造作有所使役也此是制禮者揔為約戒之辭此月令之內不云乃命某官之屬者皆是禮家揔禁也他皆倣此○

○天子乃與公卿大夫共飭國典論時令以待來歲之宜飭國典者和六典之法也周禮以正月為

之建寅而縣之今用此月則所因於夏殷也○縣音玄○〔疏〕注飭國至殷也○正義曰經云共飭國典調和飭正之故云和六典之法六典者則治典教典禮典政典刑典事典是也云周禮以正月爲之建寅而縣之者按大宰職云正月之吉始和布治小宰云正歲而觀治象之法是也云今月此月則所因於夏殷者不用周法故知因於夏殷以王者損益不出三代故也○

○乃命太史次諸侯之列賦之犧牲以共皇天上帝社稷之饗此所與諸侯共者也列國有大小也賦之犧牲大者出多小者出少饗獻也○〔疏〕乃命至之饗○正義曰此至之饗皆命大史也列次也來歲方祭於祭祀須犧牲犧牲出諸侯之國國有大小故命大史書列之以共賦也諸侯同王南面專王之土故命之出牲以與王共事天地也既漫言諸侯則異姓同姓俱然也賦之犧牲者賦稅出也次之隨國大小而出之也以共皇天者賦牲所共也皇天天皇大帝也上帝者靈威仰五帝也社稷者王之社稷也諸侯乃自有社稷而始封亦割王社土與之故賦牲共王社稷也享獻也出牲以共獻於上帝諸神也○

乃命同姓之邦共寢廟之芻豢

此所以與同姓共也芻豢猶犧牲○〔疏〕乃命至芻豢○正義曰芻豢猶犧牲也皇天社稷與天下共之故遍賦天下國家也寢廟先王與同姓國共之故別又命同姓國共之也言芻乃是牛羊而又云豢則是犬豕也天地不用犬豕社稷大牢乃有豕而不用犬故沒其芻豢而徒云天地犧牲也宗廟備六牲故云芻豢也

命宰歷卿大夫至于庶民土田之數而賦犧牲以共山林名川之祀此所與卿大夫庶民共者也歷猶次也卿大夫采地亦有大小其非采地以其邑之民多少賦之○〔疏〕命宰至之祀○正義曰宰小宰也歷亦次也卿大夫謂畿內有采地者歲終又小宰列次畿內之地大小并至於庶民受田淮土田多少之數賦之犧牲以共山林名川之祀不云士者上舉卿大夫下舉庶民則士在其中省文耳注云此所與卿大夫庶人共之則各賦稅之卿大夫出其采地賦稅無采地出其邑之賦稅庶人無邑出其賦稅以與邑宰邑宰以共上是庶人亦出賦也故下云凡在天下九州之人無不咸獻其力是也

凡在天下九州之民者無不咸獻其力以共皇天上

帝社稷寢廟山林名川之祀民非神之福不生雖有其邦國采地此賦要由民出〈疏〉注民非至民出○正義曰雖有其邦國采地此賦要由民出者有邦國諸侯有采地謂卿大夫賦稅所來皆由民出必由民者以經中云天下九州之民不云諸侯卿大夫獨云民故鄭云此也○季冬行秋令則白露蚤降介蟲爲妖戌之氣乘之也九月初尚有白露月中乃爲霜丑爲鼈蟹四鄙入保畏兵辟寒象○辟眂異反〈疏〉白露至入保○正義曰白露早降天災介蟲爲妖地災四鄙入保人災○注丑爲鼈蟹○正義曰按陰陽式法丑爲鼈蟹季冬建丑而行秋令丑氣失故云介蟲爲妖○行春令則胎夭多傷辰之氣乘之也天少長也此月物甫萌牙○季春乃句者畢出萌者盡達胎夭多傷者生氣早至不充其性○胎吐來反夭烏老反注同少長上詩召反下丁丈反句古侯反國多固疾生不充性有久疾也命之曰逆衆害莫大於此〈疏〉胎夭至曰逆○正義曰胎夭多傷國多固疾命之曰逆皆人災也○注辰之至其性○正義曰云此月物甫萌芽季春乃句者畢出萌者盡達者甫始

也此十二月萌者始牙至三月乃出達地上也云胎夭多傷者生氣蚤至不充其性者三月之氣在十二月內至故胎萌而暴長出既性不得充滿所以多傷也○注衆害莫大於此正義曰以胎夭既傷國多固疾衆種之害莫大於此故經云命之曰逆命猶名也言名此曰特逆之事謂惡之甚也○

行夏令則水潦敗國時雪不降冰凍消釋未之氣乘之也季夏大雨時行○消釋如字一本作液音亦

【疏】水潦至消釋○正義曰水潦敗國時雪不降天災也冰凍消釋地災也

附釋音禮記注疏卷第十七

大清嘉慶二十年重刊

用文選樓藏本校

江西南昌府學栞

禮記注疏卷十七挍勘記　阮元撰盧宣旬摘錄

月令

季秋之月節　惠棟挍云季秋節其日節鴻雁節宋本合下天子節其氣廉以深之上爲一節

而斗建戌之辰也　閩毛本同岳本同嘉靖本同衛氏集說同監本戌誤戍

季秋至柳中　惠棟挍宋本無此五字

旦柳十二度中　毛本同閩監本二作一衛氏集說同

其日庚辛節

示民軌儀　惠棟挍宋本如此宋監本同岳本同此本民上衍小字閩監毛本同嘉靖本同衛氏集說同

今夾鍾七寸取六寸　閩監本同衛氏集說同毛本鍾誤中考文引宋板亦作鍾

鴻雁來賓節

鞠有黃華閩監毛本同岳本同嘉靖本同衞氏集說同考文引古本鞠作菊石經同釋文出鞠云本又作菊○按依說文當作蘜从艸𥷚省聲

豺乃祭獸戮禽閩監毛本同岳本同嘉靖本同衞氏集說同釋文出僇禽云本或作戮○按依說文作戮是也

天子居總章右个節

駕白駱閩監本同岳本同嘉靖本同衞氏集說同毛本駱誤輅考文引宋板作駱

是月也申嚴號令節惠棟按云是月也申嚴號令節乃命冢宰節宋本合爲一節

命百至宣出惠棟按宋本無此五字

乃命冢宰節

藏帝藉之收於神倉惠棟按宋本同岳本同嘉靖本同衞氏集說同閩監毛本藉作籍注及疏同○

按依說文當作穉从禾犀聲

其義非　惠棟按宋本如此此本非誤亦閩監本同毛本其義亦改義亦同大謬

是月也霜始降節　惠棟按云是月也霜始降節乃命有司節大饗帝節嘗犧牲告備節合諸侯節宋本合爲一節

是月也霜始降　惠棟按宋本無此六字

蟄蟲閉戶　閩監本同考文引宋板同毛本蟄作蜇

先薦寢廟事重　閩監毛本如此此本廟事二字倒

是月也大饗帝節

遍祭五帝也　閩監毛本同嘉靖本同惠棟按宋本遍作徧岳本同衞氏集說同釋文出徧祭云音遍○按徧正字遍俗字

此謂五帝皆饗閩監毛本同惠棟挍宋本謂作既衛氏集說同

嘗犧牲節

使有司祭于羣神閩監毛本同衛氏集說同岳本于作乎嘉靖本同考文引足利本同惠棟挍宋本亦作乎疏中仍作于

於時有司常祭閩監本同毛本時誤神惠棟挍宋本時字同常作嘗

注嘗者至禮畢而告焉閩監毛本同惠棟挍宋本無禮畢而三字

別雩羣神閩監本同毛本神誤祀衛氏集說亦作神

合諸侯制百縣節

無有所私閩監本同岳本同嘉靖本同衛氏集說同考文引宋板古本足利本同毛本私誤司

使諸侯及鄉遂之官閩監本同岳本同嘉靖本同衛氏集說同考文引宋板同毛本官誤國

貢職謂所入天子　惠棟挍宋本有謂字宋監本同岳本同考文引古本足利本同此本謂字脫閩監毛本同嘉靖本同衛氏集說同續通解亦有謂字

言既給郊廟重事事百縣等物　閩監毛本同衛氏集說下事作其

謂成方也　閩監毛本成作城○按作城與周禮典命合

正歲縣治象之法于象魏　惠棟挍宋本此下標禮記正義卷第二十四終又記云凡

二十七頁

是月也天子乃教於田獵節　惠棟挍宋本自此節起至月令終爲第二十五

卷卷首題禮記正義卷第二十五

弓矢殳矛戈戟也馬政　閩監毛本如此此岳本同嘉靖本同衛氏集說同此本也誤班政誤故

校人職曰　閩監本同岳本同嘉靖本同衛氏集說同毛本校作挍餘放此

是月至馬政　惠棟按宋本無此五字

命僕節　惠棟按云命僕節司徒節天子節命主祠節宋本合爲一節

鄉遂載物　閩監毛本同岳本同嘉靖本同衞氏集說同浦鏜按云依疏文當本作師遂此係後人按正○按浦鏜是也

課舉以言之　閩監毛本同衞氏集說課作雜案雜字是也

析羽爲旌　閩本同衞氏集說同考文引宋板同監毛本析誤折

百官卿大夫也　惠棟按宋本同監毛本卿誤鄉閩本卿字模糊

按周禮云鄉遂　閩監本同毛本禮誤里考文引宋板亦作禮

以冬閑無事　閩監毛本同浦鏜按云閑當閒字誤與閒同

褐纓旃以爲門　惠棟按宋本同閩監毛本褐作揭

司徒搢扑節

而注旌旃不作冬法 惠棟挍宋本同閩監毛本旃誤旗

熊氏以爲此文載旌旐 閩監本同毛本旐誤施考文引宋板亦作旐

天子乃厲飾節

俗本作餝非也 閩監本餝誤飾毛本作飭案唐人書寫飾飭兩字混而爲一並食傍作芳見顔師古匡謬正俗

命主祠節

四方四方有功於方之神也 閩監毛本同衞氏集說作四方有功於四方之神也

如可見矣 閩監毛本同衞氏集說如作始

是月也草木黄落節 惠棟挍云是月節至行春令節宋本合爲一節

蟄蟲咸俯在內王念孫云內當作穴下言皆墐其戶戶即穴之戶也穴內二字篆隸相似故穴多譌作內

墐爲塗閉之閩監毛本同嘉靖本同岳本爲作謂衛氏集說同考文引古本足利本同

乃趣獄刑節

許人主從時閩監本同衛氏集說同考文引宋板同毛本人主二字倒

行冬令節

土地分裂閩監本同岳本同嘉靖本同衛氏集說同石經同考文引宋板古本足利本同毛本地誤多

行春令節

則煖風來至閩監本同岳本同嘉靖本同衛氏集說同石經同毛本煖作暖疏同

孟冬之月節惠棟挍云孟冬節其日節其蟲節律中節其數節水始節天子節宋本合爲一節

其日壬癸節

日之行東北從黑道閩監毛本同嘉靖本同衛氏集說同岳本東作冬考文引古本同岳本考證云案日有九道河圖帝覽嬉云黑道二出黃道北後漢書云青白黑赤各一道其交必于黃道故爲九博雅釋天月行九道立冬冬至北從黑道二蓋立冬星辰南遊日則北遊冬至星辰南遊之極日北遊之極以此推之青白赤黑俱在四正而非四隅此不得云東北從黑道矣觀上孟春注云春東從青道是其句法一例諸本疑冬爲東誤而改之謬矣

揆然萌牙惠棟挍宋本同岳本同嘉靖本同閩監毛本牙作芽

顓頊高陽氏也閩監毛本同嘉靖本同衛氏集說同岳本也字脫

其蟲介節

冬氣和則羽聲調惠棟挍宋本如此宋監本同岳本同嘉靖本同衛氏集說同此本調字誤重閩

監毛本同

律中應鍾節

律中應鍾閩本同岳本同嘉靖本同衛氏集說同監毛本鍾作鐘石經同

注云閡藏塞也惠棟挍宋本有云字衛氏集說同此本云字脫閩監毛本同

百物可鍾藏惠棟挍宋本同閩本同監毛本鍾誤種衛氏集說同

其數六節

爲軷壤閩監毛本同岳本同嘉靖本同衛氏集說同釋文出壤云如丈反齊召南挍云按壤字當作壇周禮大馭疏引此注作爲軷壇是也又本節疏可證案齊挍是也曾子問諸侯適天子節疏引此注亦作壇

天子居元堂左个節

旂與衣雖人功所爲惠棟挍宋本如此衛氏集說同此本功所爲三字闕閩監毛本功所

爲誤所常用

不可純青故用蒼之淺色閩監毛本如此此本青故二字闕

亦以朱深而赤淺惠棟挍宋本如此此本亦以二字闕閩監毛本亦誤蓋

赤玉與蒼玉同閩監毛本如此此本蒼玉二字闕

亦以黑深而元淺閩監毛本如此此本黑深二字闕

與夏同也惠棟挍宋本如此此本同也二字闕閩監毛本同也誤亦同考文引宋板作亦同也

猶如夏云赤玉閩監毛本如此此本夏云二字闕

今月至誤也惠棟挍宋本無也字至下有之字

鄭以此月乘軫路惠棟挍宋本如此此本以此月三字闕閩監毛本以此月誤注云二字

以車旁爲之惠棟挍宋本作之此本之字闕閩監毛本之誤軫

是月也以立冬節

顔涿聚　閩監毛本同岳本同嘉靖本同衛氏集說同正義亦作涿釋文出椓豕云又作涿

衛哀十一年　閩監毛本同惠棟校宋本哀下有公字

是月也命大史節　惠棟按云是月也節是察節宋本合為一節

是月也至吉凶　惠棟按宋本有吉字此本吉字脫閩監毛本同

自大飲蒸此　閩本同惠棟按宋本同監毛本蒸作烝後倣此

正義曰是月大史之官　閩監毛本同惠棟校宋本無正義曰三字

而秦十月為歲首　閩監毛本而作謂

與周與上春釁龜　按次與字當作禮

是察阿黨節

是察阿黨　閩監毛本同岳本同嘉靖本同衛氏集說同考文引古本足利本作是月也阿黨

是察至掩蔽　閩監毛本同考文引宋板察作月山井鼎云謹按作察者正合于經文矣而宋板作月者蓋經文本作是月也察阿黨而宋板以下諸本皆脫月也二字明矣是亦足證古本之可據也按山井鼎非也上節正義云從命大史至無有掩蔽論釁祠龜筴察阿黨事異於上立冬之日故別言是月也可見唐人據以作正義本此節合爲上節不重出是月也三字宋板疏標起止是察作是月字偶誤耳而考文引古本足利本卽據是改經文是察阿黨作是月也察阿黨亦足見其作僞之端委矣

是月也天子始裘節　惠棟挍云是月也天子始裘節命有司曰節坏城郭節飭喪紀節宋本合爲一節挍此節命有司曰上此本有○是別爲一節閩監毛本去○是混爲一節

命司徒循行積聚　閩監毛本同岳本同嘉靖本同衛氏集說同陳澔集說本司徒誤有司石經考文提要云宋大字本宋本九經南宋巾箱本余仁仲本劉叔剛本皆作司徒

易含萬象惠棟挍宋本作象此本象字模糊閩監毛本象誤物

陽歸於虛無閩監毛本同衞氏集說同惠棟挍宋本無作无

坏城郭節

脩鍵閉閩監本同岳本同嘉靖本同衞氏集說同毛本脩作修石經同

鍵牡閉牝也閩監毛本如此岳本同嘉靖本同衞氏集說同釋文同此本牝誤牡

今月令疆或爲壍閩監本同岳本同嘉靖本同考文引宋板同毛本爲誤謂

此物以鐵爲之惠棟挍宋本如此衞氏集說同此本此物二字脫閩監毛本同

每云牝飛及牝亡閩監毛本同惠棟挍宋本下牝作牡盧文弨挍云上牝亦當作牡

謂失其鑠須須則牡也閩監本同考文引宋板同毛本鑠誤獵牡誤者

謂掘溝壍閩本同惠棟挍宋本同監毛本壍作塹衞氏集說同

飭喪紀節

塋丘壟之大小 閩監毛本同岳本同嘉靖本同衛氏集說同考文引古本大小作小大石經同

高卑厚薄之度 閩監毛本同岳本同嘉靖本同衛氏集說同惠棟挍宋本厚薄作薄厚石經同

漢律列侯墳高四丈 閩本同惠棟挍宋本同監毛本丈作尺衛氏集說同○按作尺與鄭注冢人合

又注檀弓云 閩本同惠棟挍宋本同監毛本作又檀弓注云衛氏集說同

是月也命工師節

按度程 閩監毛本同岳本按作案嘉靖本同衛氏集說同石經同石經考文提要云宋大字本宋本九經南宋巾箱本余仁仲本皆作案

以察其信 閩監毛本同岳本同衛氏集說同嘉靖本察誤祭

冬閉無事閩監本作閉考文引宋板同衞氏集說同此本閉誤閑毛本作閒

謂於按此器舊來制度大小閩監毛本同浦鏜挍本於改考

是月也大飲烝節惠棟挍云是月節天子節勞農節天子乃命將帥節宋本合爲一節

天子諸侯與其羣臣飲酒於大學閩監本同岳本同嘉靖本同衞氏集說同考文引宋板古本足利本同毛本諸侯與其誤倒作與其諸侯

別之於他閩監毛本同岳本同嘉靖本同衞氏集說同盧文弨挍本据幽風疏他改燕

郡國以鄉飲酒禮代之惠棟挍宋本同宋監本同岳本同嘉靖本同考文引足利本同閩監毛本郡誤羣衞氏集說同

烝謂有牲體爲俎也惠棟挍宋本作烝考文引古本同此本烝誤燕閩監毛本同岳本同嘉靖本同衞氏集說同○按正義亦作烝

是頌大飲之詩閩監毛本同岳本同嘉靖本同衛氏集說同盧文弨挍本據豳風疏頌上增豳字

故宣十六年左氏云閩監毛本同惠棟挍宋本氏作傳

臣下慶君命受福無疆也閩監毛本同浦鏜挍命改會

天子乃祈來年于天宗節

謂大割牲以祠公社閩監毛本同惠棟挍宋本祠作祀

以至六變而蜡祭惠棟挍宋本作至此本至作致閩監毛本同

孟冬行春令節惠棟挍云孟冬節行夏令節行秋令節宋本合爲一節

則凍閉不密監毛本同岳本同嘉靖本同衛氏集說同閩本凍誤涷疏同石經凍字殘闕

行秋令節

天災也小兵時起惠棟挍宋本如此此本小上衍○閩監毛本同

仲冬之月節　惠棟挍云仲冬節其日節冰益壯節命有司節宋本合爲一節

昏氏九度中　閩監毛本同衛氏集說同盧文弨挍本云氏本作室是下有晝漏則此亦當有晝漏四十五刻六分八字然他月無之

其日壬癸節

律中黃鍾　閩本同岳本同嘉靖本同衛氏集說同監毛本鍾作鐘石經同餘放此注疏放此

故陽氣始種於泉　閩監本同衛氏集說同考文引宋板同毛本泉誤前○按漢志始作施泉上有黃字

冰益壯節

鶡旦不鳴　閩監毛本同岳本同嘉靖本同衛氏集說同釋文出曷旦云本亦作鶡考文引古本鶡作曷石經作鶡鳥不鳴○按說文鶡下云山雉鴠下云渴鴠段玉裁云渴鴠當依月令作曷旦淺人改之也

命有司曰節

地氣沮泄　閩監毛本同岳本同嘉靖本同衛氏集說同石經作地氣且洩考文引古本亦作且山井鼎曰謹按足利本字作沮泄而其訓與方將字同由此觀之則後誤作水旁且明矣石經考文提要曰按呂氏春秋作且泄蓋一陽初生方將萌動亦承上孟冬行春令則陽氣上泄也

則孟冬云謹蓋藏是也　閩監毛本同衛氏集說云作之

以堅固汝閉塞之事　閩監毛本同衛氏集說同惠棟按宋本閉作所

令地沮泄　閩監毛本同衛氏集說地下有氣字

是月也命奄尹節　惠棟按云是月節乃命大酋節天子節山林節是月節芸始生節日短節行秋節行春節宋本合爲一節

審門閭　閩監毛本同岳本同嘉靖本同衛氏集說同石經同浦鏜按云按蔡氏邕云宮中之門曰闈閹尹之職也

閭里門非閹主所主當作閭

幾出入及開閉之屬惠棟按宋本同岳本同閩監毛本幾作譏嘉靖本同衛氏集說同

命奄尹者謂正也閩監毛本同浦鏜按云者下當脫尹字

申重之政令閩監毛本同衛氏集說之作其

務所質素閩監毛本同衛氏集說所作在

乃命大酋節

麴蘖必時惠棟按宋本作蘗岳本同嘉靖本同衛氏集說同此本蘗誤蘗閩監毛本同

火齊腥孰之調也閩監毛本同岳本同嘉靖本同衛氏集說同考文引宋板調作謂非

至春而爲酒者惠棟按宋本如此此本春下衍事字閩監毛本事作時

天子命有司節

此收斂尤急之時　閩監毛本同岳本同嘉靖本同衛氏集說同惠棟按宋本無之字

入有取者不罪　閩監毛本同岳本同嘉靖本同衛氏集說同惠棟按宋本不作公非

繫收牛馬　閩監毛本同岳本同嘉靖本同衛氏集說同考文引足利本收作牧按正義云俗本作牧定本作收

山林藪澤節

藪澤蔬食蔆芡之屬　閩本蔆作菱芡誤茨監本菱字同芡字殘闕毛本亦作菱蔬誤疏

是月也日短至節

蕩謂物動將萌牙也　惠棟按宋本有將字宋監本同岳本同考文引古本足利本同此本將字脫閩監毛本同嘉靖本同衛氏集說同盧文弨按云初學記作謂物將萌牙者亦有將字也

此言去聲色又相反　惠棟按宋本同宋監本同岳本同嘉靖本同考文引足利本同閩監毛本

反作違衛氏集說同

此易乾鑿度文 閩監毛本同浦鏜按乾鑿度改通卦驗惠棟按云當是通卦驗

芸始生節

水泉動潤上行 閩監本同岳本同嘉靖本同衛氏集說考文引宋板同釋文出作行毛本行誤下

十一月麋角隕墜是也 閩監毛本同衛氏集說同惠棟按宋本墜作墮

日短至節

此所以助天地之閉藏也 惠棟按宋本有所字宋監本同岳本同考文引古本足利本同此本所字脫閩監毛本同嘉靖本同衛氏集說同

霜露之氣散相亂也 惠棟按宋本作露宋監本同岳本同衛氏集說同考文引足利本同此本露誤降閩監毛本同嘉靖本同

行秋令節

酉宿直昴畢　惠棟按宋本亦作直岳本同嘉靖本同考文引古本足利本同閩監毛本直作値衛氏集說同下直虛危同

虛危內有瓜瓠　閩監毛本同岳本同嘉靖本同衛氏集說同惠棟按宋本無虛危二字

兵亦軍之氣　閩監毛本同岳本同嘉靖本同衛氏集說軍作金考文引古本軍作畢○按集說是也

行春令節

孚甲之象　閩監毛本同惠棟按宋本宋監本並作孚甲象也岳本同嘉靖本同衛氏集說作孚甲之象也考文古本同

季冬之月節　惠棟按云季冬節其日節鴈北鄉節天子節征鳥節乃畢山川節是月節冰方盛節冰以入節命樂師節乃命節宋本合爲一節

日在牛三度閩監毛本同衞氏集說同盧文弨挍從本書曰上增小寒二字

其日壬癸節

則爲一百四惠棟挍宋本有爲字衞氏集說同此本爲字脫閩監毛本同

宣氣而聚物閩監毛本同浦鏜挍聚改牙。按浦鏜是也作聚與漢志不合

鴈北鄉節

鴈北鄉閩監本同岳本同嘉靖本同衞氏集說同石經同毛本鴈作雁疏放此

鵲始巢閩監毛本作巢岳本同嘉靖本同衞氏集說同石經同此本巢誤其

雉雊雞乳在立春節閩監本同考文引宋板同毛本雉誤惟

天子居元堂右个節

出土牛以送寒氣閩監本同岳本同嘉靖本同衞氏集說同毛本牛誤地

令難去陰氣閩監毛本同考文引宋板今作令

又土能刻水考文引宋板同閩監毛本刻作克衛氏集說同

墳四星在危東南閩監毛本同衛氏集說同盧文弨挍云墳下當有墓字

以此季冬大難爲不及民也閩監毛本同惠棟挍宋本此作比

今鄭注論語鄉人難云惠棟挍宋本亦作難閩本同監毛本難作儺

征鳥厲疾節

某氏云閩監本同惠棟挍宋本作某氏曰監毛本作樊云衛氏集說同

乃畢山川之祀節

司中司命風師雨師閩監毛本同岳本同嘉靖本同衛氏集說同考文引古本足利本雨師下有之屬是三字

故鄭先云孟月祭宗 閩監本同毛本鄭先二字倒

冰方盛節

腹厚至無堅 閩監毛本同惠棟挍宋本無堅作謂虛

冰以入節

脩耒耜 閩監本同岳本衛氏集說同毛本脩作修嘉靖本同石經同

雖有鎡錤 閩監毛本同惠棟挍宋本錤作基衛氏集說同

乃命四監節

薪施炊爨 閩監毛本作爨岳本同衛氏集說同此本爨誤爨嘉靖本同釋文出炊爨

是月也日窮于次節 惠棟挍云是月也節歲且節天子節乃命大史節乃命同姓節命宰節凡在節季冬節行春節行夏節宋本合爲一節

月窮于紀　閩監本同岳本同嘉靖本同衛氏集說同石經同毛本紀誤幾

皆周匝於故處也　閩監毛本同岳本同嘉靖本同衛氏集說同惠棟按宋本匝作帀宋監本同又各本俱作處此本處誤度

紀會也　閩監毛本同岳本同嘉靖本同衛氏集說同考文引古本會上有猶字盧文弨挍云初學記同。按考文所據古本非取諸正義卽取諸唐宋人類書此其一也

每日雖周天一匝　閩監毛本作匝衛氏集說同惠棟挍宋本作帀此本匝誤而

歲且更始節

此月令之內　閩監毛本作此衛氏集說此誤凡此本此誤日

天子乃與公卿大夫節

飭國至殷也　閩監毛本同惠棟按宋本殷也作夏殷

以王者損益 閩監本同衛氏集說同毛本王字殘闕

乃命大史節

乃命太史 閩本同嘉靖本同監毛本太作大岳本同衛氏集說同

此所與諸侯共者也 閩監本同岳本同嘉靖本同衛氏集說同毛本者誤之考文引宋板亦作者

乃命至之饗 閩監毛本同惠棟按宋本饗作享

來歲方祭祀須犧牲 惠棟按宋本如此此本方祭下誤重方祭二字閩監毛本同衛氏集說作來歲祭祀所須犧牲

命宰歷卿大夫節

土田之數 閩監本同岳本同嘉靖本同衛氏集說同毛本土誤士

准土田多少之數閩本同惠棟挍宋本同監毛本准作準衛氏集說同

凡在天下九州之民者節

凡在天下九州之民者各本同坊本州作川

行春令節

此月物甫萌牙閩監本同岳本同嘉靖本衛氏集說同毛本牙作芽疏放此

謂惡之甚也閩監本同衛氏集說同考文引宋板同毛本甚誤盛

附釋音禮記注疏卷第十七終惠棟挍宋本禮記正義卷第二十五終記云凡二十七頁宋監本禮記卷第五經四千三百三十九字注五千三百六十一字嘉靖本禮記卷第五經五千九十一字注九千六百六十三字

禮記注疏卷十七挍勘記

傳古樓景印